도종환 시선집

밀물의 시간

일러두기

1. 이 책은 지금까지 출간된 도종환 시인의 모든 단행본 시집에서 99편을 가려 뽑아 수록했다.
2. 배열은 시집 간행순으로 하고, 제목과 본문의 한자는 괄호 안에 병기했다.
3. 명백한 오자를 바로잡았고, 국립국어원 외래어표기법에 따라 외래어를 수정했다.

도종환 시선집

밀물의 시간

공광규 – 김근 – 김성규 – 유성호 엮음

실천문학사

여는 글

늙어가는 시인에게
—도종환 시선집을 묶으며

선배가 자신의 나이를 "세시에서 다섯시 사이"라고 비유한 것이 얼마 지나지 않았는데 벌써 등단 30년에 이르렀다니 믿기지 않습니다. 돌아보니 선배와 같이 역사 현실과 문단 현장에서 몸과 말을 부딪치고 섞었던 많지 않은 시간들이 벌써 흐릿할 뿐입니다.

그간 현실을 스승으로 삼아 많은 시를 써온 선배는 '민주'라는 이름을 함께 쓰는 우리들의 동지이자 시의 스승이기도 했습니다. 대중 감염력이 높은 선배의 시를 국민들이 많이 사랑하여 문단의 부러움을 사기도 했지만, 그 이면에는 개인적 고통이 이만저만이 아니었음을 잘 압니다.

선배는 국어 선생이었으나 전국교직원노동조합 운동으

로 징계와 좌천과 투옥과 해직을 당하고, 식구를 병으로 잃고, 자신도 병으로 고생하는 고통의 나날이 적지 않았습니다. 그럼에도 끊임없이 고통을 시로 밀고 나가고, 문단 조직과 살림을 불리는 데 기여하고, 지금은 문화 예술계를 대의하여 국회에서 일을 하고 있습니다.

대개가 시와 사람이 같기가 어려운데, 선배는 드물게 시와 사람이 같은 시인입니다. 지조가 있으나 편벽을 벗어나고, 자신의 고통과 안온에 갇히지 않으며, 성격이 원만하여 선후배들을 두루두루 잘 살펴서 신망이 높고, 한 가지에 편견이 없는 전인적 군자불기(君子不器)의 군자상입니다.

선배는 어느 시에서 "이 세상의 어느 한 계절 화사히 피었다/시들면 자취 없는 사랑 말고/저무는 들녘일수록 더욱 은은히 아름다운/억새풀처럼 늙어갈 순 없을까/바람 많은 가을 강가에 서로 어깨를 기댄 채"라며 노후관을 은연중에 밝히고 있습니다. 그렇지 않아도 선배는 현재 문단의 화사한 꽃으로 색깔과 향기를 많은 사람들에게 주고 있고, 꽃이 시든 뒤에도 많은 사람들의 가슴속에 자취로 남을 것입니다.

등단 30년이라, 돌아보면 결코 적은 세월이 아닙니다. 그

간 쉬지 않고 시에 애정을 가지며 지내기가 만만치가 않았을 텐데, 선배가 대견스러울 뿐입니다. 또한 시력과 함께 몸과 시가 늙어감이 대부분 문사들의 길이었는데, 그것을 잘 극복하는 선배가 자랑스러울 뿐입니다. 앞으로도 시가 늙지 않고 오래오래 젊기를 바랍니다.

시력 30년이 돌아온다는 소식을 듣고, 후배 몇이 실천문학사와 작당하여 그동안 펴낸 시집들 가운데서 여러 편을 뽑아 선물로 드립니다. 시를 뽑는다는 것이 부질없는 일이지만 그렇게 했습니다. 부디, 선배님 시에 나오는 저 들판의 억새풀처럼 은은하고 아름다운 인생이 되기를 바랍니다.

2014년 가을하늘이 높은 날
후배 공광규, 김근, 김성규, 유성호 올림

차례

여는 글   5

고두미 마을에서

진눈깨비	17
고두미 마을에서	18
분꽃	20
황 선생님	22
흑인 혼혈아 여가수에게	24
수제비	26
산직말	28
조센 데이신타이(朝鮮挺身隊)	30
쇠비름	40

접시꽃 당신

접시꽃 당신	43
옥수수밭 옆에 당신을 묻고	46
당신의 무덤가에	47
섬	48
오월 편지	50

인차리 7	52
달맞이꽃	54
우산	57
어떤 연인들	58
다시 부르는 기전사가	60
목감기	62

내가 사랑하는 당신은

눈물	65
내가 사랑하는 당신은	66
꽃다지	68
논둑에 서서	70
아가, 너희는 최루탄 없는 세상에서 살아라	72
너를 만나고	74
배추	76
그대 잘 가라	78
지금 비록 너희 곁을 떠나지만	80
어떤 편지	82

지금 비록 너희 곁을 떠나지만

정 선생님, 그리고 보고 싶은 여러 선생님께	85
유월 이십 구일	88
감옥의 벽에 십자가를 새겨 넣고	90
잘 가라, 준아	92
답장을 쓰며	95
스승의 기도	98
어릴 때 내 꿈은	100
김 선생의 분재	102

당신은 누구십니까

겨울 골짝에서	105
폭설	106
당신은 누구십니까	108
사랑도 살아가는 일인데	110
우기	112
별에 쓰는 편지	113
담쟁이	114
오후반	115
닭장차 안에서	116

우리는 우리끼리 울었어 118

사람의 마을에 꽃이 진다

오늘밤 비 내리고 121
바람이 그치면 나도 그칠까 122
꽃잎 인연 123
홍매화 124
세우 125
보리 팰 무렵 126
흔들리며 피는 꽃 127
병 128
물결도 없이 파도도 없이 130
단식 131

부드러운 직선

종이배 사랑 135
가지 않을 수 없던 길 138
사라지고 없는 그 140
부드러운 직선 142

늑대	144
배롱나무	146
섬	148
귀가	150
칸나꽃밭	152
민들레 뿌리	153

슬픔의 뿌리

여백	157
자목련	158
사랑의 침묵	160
아름다운 길	162
저녁 무렵	164
단풍 드는 날	166
그 밤	167
무심천	168
꽃재	170
방학하는 날	172

해인으로 가는 길

산경	177
해인으로 가는 길	178
산가	180
봄의 줄탁	181
연필 깎기	182
처음 가는 길	184
밀물	185
구두 수선집	186
가구	188
시래기	190

세시에서 다섯시 사이

별 하나	193
세시에서 다섯시 사이	194
지진	196
못난 꽃	198
빙하기	200
히브리 노예들의 합창을 들으며	202
젖	204

쏭바	206
노 모어 후쿠시마	208
악보	210
은은함에 대하여	211
해설 유성호	213
시인의 말	229

고두미 마을에서

1985

진눈깨비

누이동생이 죽은 아기를 낳던 날 밤
진눈깨비가 내렸다.
영농기계대금이 밀려 보건소 언저리도 못 가보고
먹는 것이 부실하여 성한 몸뚱이로 크지도 못한
손바닥만 한 목숨을 얼어가는 풀뿌리 밑에 묻고
씻기지 않는 새벽 노을을 손에 묻힌 채
처갓집 더부살이 더욱 기 꺾인 매제는
도시락도 없이 재건조장 일을 나갔다.
앞브레이크 끊어진 녹 낀 자전거
바퀴를 말없이 굴리며 방고개를 넘어갔다.
아버지는 부러 얼어터진 연탄보일러 얘기만 꺼내고
어머니는 연신 머릿수건을 고쳐 쓰고 계셨다.
비도 되고 눈도 되며 내리는 것들을
바람은 자꾸 얼리며 오고
언 땅 깊은 곳의 어둠을 퍼올리던 삽 한 자루
흙냄새를 바람에 씻으며 기대 서 있었다.

고두미 마을에서
丹齋 申采浩 先生 사당을 다녀오며

이 땅의 삼월 고두미 마을에 눈이 내린다.
오동나무함에 들려 국경선을 넘어오던
한줌의 유골 같은 푸스스한 눈발이
동력골을 넘어 이곳에 내려온다.
꽃뫼마을 고령 신씨도 이제는 아니 오고
금초하던 사당지기 귀래리 나무꾼
고무신 자국 한 줄 눈발에 지워진다.
복숭나무 가지 끝 봄물에 탄다는
삼월이라 초하루 이 땅에 돌아와도
영당각 문풍질 찢고 드는 바람소리
발 굵은 돗자리 위를 서성이다 돌아가고
욱리하 냇가에 봄이 오면 꽃 피어
비바람 불면 상에 누워 옛이야기 같이 하고
서가에는 책이 쌓여 가난 걱정 없었는데*
뉘 알았으랴 쪽발이 발에 채이기 싫어
내 자란 집 구들장 밑 오그려 누워 지냈더니
오십 년 지난 물소리 비켜 돌아갈 줄을.

눈녹이물에 뿌리 적신 진달래 창꽃들이
앞산에 붉게 돋아 이 나라 내려볼 때
이 땅에 누가 남아 내 살 네 살 썩 비어
고우나 고운 핏덩어릴 줄줄줄 흘리련가.
이 땅의 삼월 고두미 마을에 눈은 내리는데.

---

* 12~14행은 丹齋 先生의 漢詩 「家兄忌日」에서 인용.

분꽃

전사통보 받아 든 언청이 정례 누나
신들린 듯 아리랑 고개 치달려갈 때
검정치마 끝에 걸려 떨어진 분꽃씨 하나
절터 뒷산 무덤 가엔 소나무 그림자 큰데
깨밭길에 앉아서 맞잡던 손목은
월남땅에 내리어 텔레비전 박스가 못된 채
탄알 꽂히어 새끼손부터 썩어 돌아오고
눈물 웃음 옥생각에 무명끈 한 발
대들보에 매다 들킨 열아홉 정례 누나
날 저물면 목 늘이며 귀를 열며 분꽃은 피어나고
분꽃잎 빛 청치마 분꽃빛 저고리 새로 해 입혀
열 몇 살도 더 많은 홀아비 짝지어 보낼 때
꽃밭 가 검정씨 몇 개 함께 따라갔었지.
지금도 조석으론 분꽃이 피고
날 저물면 리어카에 풀빵기계 얹고 나와
연초제조창 오거리 가스등 아래서
누나가 구워주는 풀빵을 씹으면

남모르게 분꽃씨 몇 알 어금니에 씹히는데
치맛귀의 조카놈 우렁우렁 벙긋벙긋 잘도 크는데

황 선생님

사월 그날이 오면 마당조회를 했다.
지금 생각하면 혁명공약 몇 줄이
책의 등짝마다 낙인처럼 박혀 나오던 시절인데
까까머리들 모아놓고
교장 선생님은 황 선생님을 조회단에 부르셨다.
대학 다니시던 때 맨주먹 총부리에 까이우며
몸 분지른 선생님이라 하셨다.
우리가 다니던 그 학교 울타리엔
유독 버드나무가 많았고
버드나무처럼 몸이 가는 황 선생님은
조회단에 오르셔서 느리고 느린 사투리로
차돌만 하게 보이는 주먹을 들고
몇 번인가 자유라는 말씀을 하셨고
운동장 조회가 끝나고 사회 시간이 되어서도
한 시간 내내 그 말씀만 더 하시곤 했다.
그때 우리를 가르치시던 그 많은 선생님들이
교장이 되고 교육장이 되고 무엇이 되었다는데

누구도 황 선생님을 이야기하는 사람은 없었다.
버드나무 가지처럼 흔들리던
황 선생님 목소리는 사라지지 않고 아득히 살아
자라서 우리가 선생이 되어
하루에도 몇 번씩 정성스레 교실문을 열며
굳고 단단한 몇 개의 글자 위해 몸 깎다
백묵처럼 부러지고 싶을 때
황 선생님은 눈록색 버들잎 주렁주렁 흔들며
아침 안개 엉긴 창 안을 기웃대고 계셨다.
해마다 사월 명지바람 부는 때
버드나무잎으로 흔들리고 계셨다.

흑인 혼혈아 여가수에게

> 감사합니다 하나님, 나를 흑인으로 창조하신 것을,
> 나를 모든 고통의 합계로 만드신 것을.
> - 베르나르 다디에

그대는 아메리카와 아시아가 만난 것보다
훨씬 깨끗하다.
아시아의 한 국가원수가
아프리카 고유 의상을 두르고
오찬회에서 미소 짓는 모습보다
그대 웃음은 훨씬 솔직하다.
누구는 그대를 한국전쟁의 선물이라 비웃지만
내 아들 정상인으로 자라났음이 가장 기쁘다던
어느 검둥이 챔피언 어머니의 말처럼
그대에게서 눈물겹도록 범박한 아름다움을 만난다.
미 팔군의 박수소리 속에서
틈간 흰 이빨로 조명빛 퉁기며 웃지만
훌륭히 아메리카를 능멸하는 오만

자라지 않는 볼품없는 곱슬머리에 대해
지난했던 성장에 대해 말하지 않지만
팔과 다리로 온몸으로 충분히 말하는
레오폴드 세다르 셍고르나 다비드 디오프의 시에서
밤마다 만나지는
그대 아시아와 아프리카의 악수,
그대 식민지의 울분끼리 모여 이룬 목소리여.

수제비

둔내장으로 멸치를 팔러 간
어머니는 오지 않았다.
미루나무잎들은 사정없이 흔들리고
얇은 냄비에선 곤두박질치며
물이 끓었다.
동생들은 들마루끝 까무룩 잠들고
일군 사령부 수송대 트럭들이
저녁 냇물 건져 차를 닦고 기름을 빼고
줄불 길게 밝히며
어머니 돌아오실
북쪽길 거슬러 달려가고 있었다.
경기도 어딘가로 떠난 아버지는 소식 끊기고
이름 지을 수 없는 까마득함들을
뚝뚝 떼어 넣으며 수제비를 끓였다.
어둠이 하늘 끝자락 길게 끌어
허기처럼 몸을 덮으며 내려오고 있었다.
국물이 말갛게 우러나던 우리들의 기다림

함지박 가득 반짝이는 어둠을 이고
쓰러질 듯 문 들어설 어머니 마른 멸치 냄새가
부엌바닥 눅눅히 고이곤 하였다.

산직말

큰고모네 식구들은 모두 쫓기고 없었다.
나이 삼십에 홀로 되시어
배추장수 파장수로 진갑 고개까지
가을 서리 겨울 된바람에 머리칼 날리며
시들어 더욱 아름다운 갈대처럼 살아온
산직말 등에 두고 파밭 고랑 넘으셨다.
봉분 끊어 애비 에미 살이 썩은
붉은 흙 떠안고 희게 남은 뼈를 추려
마을 사람들도 선바람 속으로 흩어졌다.
삼태기같이 아늑하게 마을을 싸 안은
산을 믿고 산을 지키며 살아온 산직말
호반도시 시립공원 시민 휴식처 만든다고
첨단기계산업 빛나는 도시터를 닦는다고
사람들이 쫓기고 없는 우물가에
점령군의 깃발 같은 붉은 기를 꽂고
무우밭에도 개복숭나무 언덕에도 꽂고
문간방 구들장 옆에도 꽂고

작전지도처럼 그어진 포장도로들이
앞산 뒷산 맥을 끊으며 달려오고 있었다.
솔가리 군불 지피던 아궁이가 털리고
아직 다 무너지지 못한 바람벽 안
수숫대가 중장비 소리에 흔들리고
갈 곳이 없어 고리짝도 싸지 못한
명수네 세운네 지붕 낮은 두 칸 집 뜨락에는
떠나지 못한 몇 켤레 신발들이
선진공업화의 불도저 소리에
낮이고 밤이고 웅크려 떨고 있었다.

조센 데이신타이(朝鮮挺身隊)

1

전라도서 끌려온 명자 언니 죽을 때
삼단 같은 머릿단 잘라내어 보에 싸서
나의 살던 고향은 꽃 피는 산골
언니들 따라 부른 노래 반 울음 반
누군가는 살아서 이 머리칼 울 엄니께 건네주오
걸음 바로 못 걷던 명자 언닐 안고 들어
위안소 언덕 위에 가슴앓이와 함께 묻고
돌아와 그 밤도 찬물로 아랫도릴 식히며 울었어요.
기름접시불 흔드는 야자수 그림자 검푸른 하늘로
달구벌 성당 종을 치던 아버지가 보였어요.
두 방 건너 열아홉 살 강원도 조선삐
야자수 가지에 목을 매어 죽을 때도
따라 못 죽은 목숨의 쓰디쓴 씀바귀 뿌리
이따금씩 위안소 근처를 지나가는 포탄소리
유월의 뜨거움을 갈기갈기 찢으며 떨어졌어요.

2

나 조선여자 月城裵氏 裵玉水
일본군 위문하는 애국봉사대 간호원이라 속이어
위안선 배밑창에 멀미하며 끌려와
버마땅 밀림 속 2원 50전짜리 위안부
아이코(愛子)가 되었어요.
각반 끈도 끄르잖고 밀려드는 왜놈들
까맣게 쓰러진 내 몸에선 죽창의 날카로움으로
낮이고 밤이고 부끄러움을 도려내 가고
열여섯 내 순하던 육신은
버려진 삭구처럼 꺼져갔어요.
조선여자 몸에서 부끄러움 빼내고 나면
더 무엇이 남아 있는지
나를 밀어 보낸 조선은 알고 있을 거예요.

저녁별 질 때쯤엔 허리가 빠지고
삼백예순 뼈마디 물처럼 녹아나
누워 악물며 살별처럼 아득히 까무라치며
받아내고 받아내던 왜놈의 배설물
조선옷은 빛이 희어 왜놈들이 쏟은 땟물
빨아도 빨아도 지워지지 않았어요.

3

어머니, 나이가 찼다면 몽고 족두리 얹어
문둥이한테라도 시집을 갔겠어요.
쇠비름 심줄이 목줄기에 돋고
살들이 돼지감자만큼 부풀어 터져요.
밤이슬도 가누기 겨워 연하게 고갤 꺾는
깨꽃같이 살았어야 내 나이 열여섯
누워서 주먹밥을 씹으며 바라보는

얼룩얼룩 은하수는 고향 하늘에도 번져 있고
보랏빛 가지꽃 소리 없이 흔들릴 텐데
몸을 누르는 목숨은 견딜 수 없이 무거워요.
끈적끈적한 이 노여움 닦아낼 기력조차 없고
말라리아 모기에 찔리운 듯 뻗어오르는 발열
가까운 곳을 지나가는 폭격기 소리와 공습경보
어머니, 잠이 들고 싶었어요.

4

번개가 지나가는 하늘 아래
우리는 누워 있습니다.
낮은 데서 바라보는 산들도 이제는 낮고
궐련도막에 빨갛게 불을 붙이며
일본군 고초는 등 굽혀 어둠 열어 나가는데
어금니에 물려 떨리는 천둥소리

발톱 끝을 때리는 빗물에도 아파요
늦도록 군표 쪽지나 지전을 세고 있을
늙은 포주의 방엔 불이 흐리게 새고
문 앞마다 걸린 우리들 사진이
빗소리에 흔들리며 가슴 복판 두드려요.
어머니, 젖고 있어요
저희는 누구의 딸이어요.

5

군표 보따리 머리에 이고 강물을 건너올 때
말라빠진 허벅지를 흘러내리는 흙물과 몸뻬
우리들 긴 머리칼 급류 속에 휘감기고
몸과 바꾼 군표 쪽지 흙탕 속에 떴다 갈앉는데
조선삐의 절망은 흔적조차 없었어요.
아픔엘랑 감각 없는 몸인 줄 알았는데

억센 풀잎 긋고 가는 팔목 그슬린 허리엔
아직도 아픔이 뻘흙처럼 붙어 있었어요.
랭군 포로수용소서 그게 바로 목숨인 걸 알았어요.
두 번인가 세 번인가 경상도 칠곡
어머님께 부친 소식은 물길이나 건넜을까.
봉사대 끌려간 딸들 사내지옥 쑤셔박혀
시나브로 정액받이로 죽어 나가다
후퇴길에 서양사람 총 들고 선 철망 안
포로수용소에 갇힌 줄 짐작이나 하실까요.

6

조선엔 전쟁이 일어났다던가
남과 북이 갈라섰다던가 그해에도
안남땅의 전쟁은 끊이지 않고
총탄소리 귀울음처럼 떠나지 않는데

싱가폴로 방콕으로 인도지나 뒷골목으로
아오자일 두르고 헤맨 지 근 십 년
조선에서 군대가 월남땅에 온단 말을 들었어요.
조선사람도 전쟁을 하러
바다 건너오는 걸 처음으로 알았어요.
한 겹 아오자이 꽁까이들 갈대숲에 몸 가리며 달아나고
원하는 전쟁 아니니 남의 사람 모두 가라고
스님들 꼿꼿이 다리 틀어앉은 채
붉은 불 끼얹어 몸 태우며 항거해도
만국기 날리며 악대를 앞세우며
얼굴빛 다른 가지각색 군인들 전쟁을 하러
남십자성 아랠 오고가며 모였어요.
음울한 포구름은 내 목숨의 둘레를
한번도 떠나지 않고 질기게 따라붙었어요.

7

잦던 포연기 사이공 마지막 하늘 덮었을 때
남지나해 뜨는 배를 다시 탔지요.
옷가지 두 벌 배를 탔던 부산 부두에
뱃고동도 없이 밀려들어 왔어요.
지치도록 헤매어도 수십 일이면 오는 뱃길
서른 몇 해 넘어서야 돌아왔어요.
민들레꽃 제비꽃 그대로 피었지만
언니도 고향사람도 날 부끄러워했어요.
월남 난민수용소
참말 돌아오리라 생각은 못했어요.
먼저 죽은 언니들 올 검은 머리칼
안남땅에 버려두고 나 혼자 왔어요.
성당 종지기 우리 아버지 종소릴 듣고 싶었고
손잡은 노끈 따라 하늘로 퍼지는 푸른 심줄
야학당서 바라보던 그런 아버지 모습

두고두고 바라보고 싶었지만
모두들 안 죽고 돌아온 나를 부끄러워할 뿐
힘없는 나라에 태어났던 걸 부끄러워하진 않았어요.

8

관부연락선 다니던 뱃길로 벌써부터
일본배가 들어오고 있다믄요.
탄전으로 전쟁터로 조선청년 실어가던 뱃길 따라
꽃나들이 오입질하러 늙은 왜놈도 실어오고
사쿠라꽃빛 붉은 볼 잘도 큰 일본딸들
봄이면 화사히 웃으며 수학여행 온다믄요.
이십만 못다 핀 조선처녀 군화발로 밟아간
그런 니토헤이 고초들이 아직도 살아남아
관광 비행길 타고 제주도에 서울에 내려
사업인지 합작투자인지 꽃 같은 이 나라 처녀

몇 년이고 몇 달이고 데불고 살다
버리고 달아나도 또 오십사 뱃길을 열어주고
누구 하나 쓰다달단 말 한마디 없다믄요.
내 살 깊은 곳 찌르고 간 식민지의 낙인 하나
아직도 살갗에 흰 머리에 두터움게 만져져요.
도라지꽃 우리 인생 꺼낼 말이 있을까만
그늘 속에 평생길 한번 피도 못한 도라지꽃
죄 없이 약한 저희더러 누굴 용서하라 하시나요.

쇠비름

뿌리째 뽑아내어 열흘밤 열흘낮 말려봐라.
수액 한 방울 안 남도록 두었다
뿌리흙 탁탁 털어 가축떼에게 먹여봐라.
씹히고 씹히어 어둡고 긴 창자에 갇히었다
검게 썩은 똥으로만 나와 봐라.
서녘 하늘 비구름 육칠월 밤 달무리로
장맛비 낮은 하늘에 불러올 때
팥밭의 거름 속에 숨어 빗줄기 붙들고
핏발 같은 줄기들 다시 흙 위에 꺼내리니
연보라 팥꽃 새에 이 놈의 쇠비름
이 질긴 놈의 쇠비름 소리 또 듣게 되리라.
머리채를 잡힌 채 아아, 이렇게 끌리어가도.

접시꽃 당신

1986

접시꽃 당신

옥수수잎에 빗방울이 나립니다
오늘도 또 하루를 살았습니다
낙엽이 지고 찬바람이 부는 때까지
우리에게 남아 있는 날들은
참으로 짧습니다
아침이면 머리맡에 흔적 없이 빠진 머리칼이 쌓이듯
생명은 당신의 몸을 우수수 빠져나갑니다
씨앗들도 열매로 크기엔
아직 많은 날을 기다려야 하고
당신과 내가 갈아엎어야 할
저 많은 묵정밭은 그대로 남았는데
논두렁을 덮는 망촛대와 잡풀가에
넋을 놓고 한참을 앉았다 일어섭니다
마음 놓고 큰 약 한번 써보기를 주저하며
남루한 살림의 한구석을 같이 꾸려오는 동안
당신은 벌레 한 마리 함부로 죽일 줄 모르고
악한 얼굴 한번 짓지 않으며 살려 했습니다

그러나 당신과 내가 함께 받아들여야 할
남은 하루하루의 하늘은
끝없이 밀려오는 가득한 먹장구름입니다
처음엔 접시꽃 같은 당신을 생각하며
무너지는 담벼락을 껴안은 듯
주체할 수 없는 신열로 떨려왔습니다
그러나 이것이 우리에게 최선의 삶을
살아온 날처럼, 부끄럼 없이 살아가야 한다는
마지막 말씀으로 받아들여야 함을 압니다
우리가 버리지 못했던
보잘것없는 눈높음과 영욕까지도
이제는 스스럼없이 버리고
내 마음의 모두를 더욱 아리고 슬픈 사람에게
줄 수 있는 날들이 짧아진 것을 아파해야 합니다
남은 날은 참으로 짧지만
남겨진 하루하루를 마지막 날인 듯 살 수 있는 길은
우리가 곪고 썩은 상처의 가운데에

있는 힘을 다해 맞서는 길입니다
보다 큰 아픔을 껴안고 죽어가는 사람들이
우리 주위엔 언제나 많은데
나 하나 육신의 절망과 질병으로 쓰러져야 하는 것이
가슴 아픈 일임을 생각해야 합니다
콩댐한 장판같이 바래어가는 노랑꽃 핀 얼굴 보며
이것이 차마 입에 떠올릴 수 있는 말은 아니지만
마지막 성한 몸뚱어리 어느 곳 있다면
그것조차 끼워 넣어야 살아갈 수 있는 사람에게
뿌듯이 주고 갑시다
기꺼이 살의 어느 부분도 떼어주고 가는 삶을
나도 살다가 가고 싶습니다
옥수수잎을 때리는 빗소리가 굵어집니다
이제 또 한 번의 저무는 밤을 어둠 속에서 지우지만
이 어둠이 다하고 새로운 새벽이 오는 순간까지
나는 당신의 손을 잡고 당신 곁에 영원히 있습니다

옥수수밭 옆에 당신을 묻고

견우직녀도 이 날만은 만나게 하는 칠석날
나는 당신을 땅에 묻고 돌아오네
안개꽃 몇 송이 함께 묻고 돌아오네
살아평생 당신께 옷 한 벌 못 해주고
당신 죽어 처음으로 베옷 한 벌 해 입혔네
당신 손수 베틀로 짠 옷가지 몇 벌 이웃께 나눠주고
옥수수밭 옆에 당신을 묻고 돌아오네
은하 건너 구름 건너 한 해 한 번 만나게 하는 이 밤
은핫물 동쪽 서쪽 그 멀고 먼 거리가
하늘과 땅의 거리인 걸 알게 하네
당신 나중 흙이 되고 내가 훗날 바람 되어
다시 만나지는 길임을 알게 하네
내 남아 밭 갈고 씨 뿌리고 땀 흘리며 살아야
한 해 한 번 당신 만나는 길임을 알게 하네

당신의 무덤가에

당신의 무덤가에 패랭이꽃 두고 오면
당신은 구름으로 시루봉 넘어 날 따라오고
당신의 무덤 앞에 소지 한 장 올리고 오면
당신은 초저녁별을 들고 내 뒤를 따라오고
당신의 무덤가에 노래 한 줄 남기고 오면
당신은 풀벌레 울음으로 문간까지 따라오고
당신의 무덤 위에 눈물 한 올 던지고 오면
당신은 빗줄기 되어 속살에 젖어오네

섬

당신이 물결이었을 때 나는 언덕이라 했다
당신이 뭍으로 부는 따스한 바람이고자 했을 때
나는 까마득히 멈추어 선 벼랑이라 했다
어느 때 숨죽인 물살로 다가와
말없는 바위를 몰래몰래 건드려보기도 하다가
다만 용서하면서 되돌아갔었노라 했다
언덕뿐인 뒷모습을 바라보며 당신은 살았다 했다
당신의 가슴앓이가 파리하게 살갗에 배 나올 때까지도
나는 깊어가는 당신의 병을 눈치채지 못하였고
어느 날 당신이 견딜 수 없는 파도를 토해 내 등을 때리고
한없이 쓰러지며 밀려가는 썰물이 되었을 때
놀란 얼굴로 내가 뒤돌아보았을 때
당신은 영영 돌아오지 못할 거리로 떠내려가 있었다
단 한 번의 큰 파도로 나는 걷잡을 수 없이 무너져
당신을 따라가다 따라가다
그만 빈 갯벌이 되어 눕고 말았다
쓸쓸한 이 바다에도 다시 겨울이 오고 물살이 치고

돌아오지 못한 채 멈추어 선 나를
세월은 오래도록 가두어놓고 있었다

오월 편지

붓꽃이 핀 교정에서 편지를 씁니다
당신이 떠나고 없는 하루 이틀은 한 달 두 달처럼 긴데
당신으로 인해 비어 있는 자리마다 깊디깊은 침묵이 앉습니다
낮에도 뻐꾸기 울고 찔레가 피는 오월입니다
당신 있는 그곳에도 봄이면 꽃이 핍니까
꽃이 지고 필 때마다 당신을 생각합니다
어둠 속에서 하얗게 반짝이며 찔레가 피는 철이면
더욱 당신이 보고 싶습니다
사랑하는 사람을 잃은 사람은 다 그러하겠지만
오월에 사랑하는 사람을 잃은 이가 많은 이 땅에선
찔레 하나가 피는 일도 예사롭지 않습니다
이 세상 많은 이들 가운데 한 사람을 사랑하여
오래도록 서로 깊이 사랑하는 일은 아름다운 일입니다
그 생각을 하며 하늘을 보면 꼭 가슴이 메입니다
얼마나 많은 이들이 서로 영원히 사랑하지 못하고
너무도 아프게 헤어져 울며 평생을 사는지 아는 까닭에

소리 내어 말하지 못하고 오늘처럼 꽃잎에 편지를 씁니다
소리 없이 흔들리는 붓꽃잎처럼 마음도 늘 그렇게 흔들려
오는 이 가는 이 눈치에 채이지 않게 또 하루를 보내고
돌아서는 저녁이면 저미는 가슴 빈자리로 바람이 가득가득 몰려옵니다
뜨거우면서도 그렇게 여린 데가 많던 당신의 마음도
이런 저녁이면 바람을 몰고 가끔씩 이 땅을 다녀갑니까
저무는 하늘 낮달처럼 내게 와 머물다 소리 없이 돌아가는
사랑하는 사람이여

인차리 7

육신을 누이고 밤이면 나의 마음도
몸을 빠져 무수한 곳을 떠다닌다
당신도 그렇게 떠돌다 오는가
내게도 가끔씩 다녀가는가
변함없이 놓여 있는 가구들도 둘러보고
거울 앞에 앉아 빗질도 해보고
방은 따스한가 손도 넣어보는가
아이들 잠자리도 둘러보는가
새도록 함께 걸어도 새벽이 빠르던
버드나무 강둑길 걸어도 보고
젖은 풀 위에 나란히 앉아 듣던
저녁 냇물 소리 들어보기도 하는가
옮겨 다니던 집들의 방문도 건드려보고
빨래를 가지런히 널던 빨랫줄 아래에도 서보는가
거기 서서 옛날처럼 손도 흔들어보는가
나는 오늘도 걸어서 당신 있는 곳까지 다녀왔다
내가 당신에게 오늘 남긴 말들 듣고 있었는가

혼미한 잠 속에 간간이 찾아와선
끝내 아무 말도 하지 않고 머물다 돌아가는 사람아

달맞이꽃

쥐똥나무 줄지어 늘어선 길을 따라
이제 저는 다시 세상으로 나갑니다
달맞이꽃 하염없이 비에 젖는 고갤 넘다
저녁이면 당신의 머리맡에 울뚝울뚝
노오란 그리움으로 피던 그 꽃을 생각했습니다
슬픔 많은 이 세상 당신으로 해서
참 많이도 아프고 무던히도 쏟아내던
그리움에 삼백예순날 젖으며도 지냈습니다
오늘 이렇게 비 젖어 걷는 길가에
고랑을 이루며 따라오는 저 물소리가
가슴 아픈 속사연을 품어 싣고
굽이굽이 세상 한복판을 돌아
크고 넓은 어느 곳으로 가는지를 지켜봅니다
당신이 마지막 눈 한쪽을 빼서라도
보탬이 되고자 하던 이 세상에 내 남아서
어떻게 쓸모 있게 살아가야 하는지를
당신은 철마다 피는 꽃으로 거듭거듭 살아나

보고 또 지켜보리란 생각을 하며
세상으로 이어지는 길고도 먼 길 앞에
이렇게 서서 한 번 더 뒤를 돌아다보고
걸음을 다시 고쳐 딛습니다
잎 지고 찬바람 부는 때는 외롭기도 하겠고
풀벌레 울음소리 별가를 스칠 때면
그리움에 아픔에 새는 밤도 있겠지만
이 세상 모든 이들도 다 그만한 아픔 하나씩
가슴에 품고 사는 줄을 아는 까닭에
가장 가까운 곳에서 가장 멀리 가는 바람 속에
당신의 고운 입김 있으려니 생각하고
가장 먼 곳에서 가장 가까이 내리는 빗발 속에
당신의 뜨거운 눈물도 섞였으려니 여기며
저는 다시 이 세상으로 통하는 길을 걸어 내려갑니다
아픔 많은 이 세상 자갈길에 무릎을 깨기도 하고
괴롬 많은 이 세상 뼈를 꺾이기도 하겠지만
보이지 않는 마음이야 누구에겐들 앗기우겠습니까

홀로 가는 이 길 위에
아침이면 새로운 하늘 한낮의 구름
달이 뜨고 별이 뜨는 매일매일 그런 밤 있으니
이 세상 다하는 날까지 달맞이꽃 지천으로 피듯
우리들 사랑도 그런 어느 낮은 골짝에 피어 있겠지요
우리들 사랑도 그런 어느 그늘에 만나며 있겠지요

우산

혼자 걷는 길 위에 비가 내린다
구름이 끼인 만큼 비는 내리리라
당신을 향해 젖으며 가는 나의 길을 생각한다
나도 당신을 사랑한 만큼
시를 쓰게 되리라
당신으로 인해 사랑을 얻었고
당신으로 인해 삶을 잃었으나
영원한 사랑만이
우리들의 영원한 삶을
되찾게 할 것이다
혼자 가는 길 위에 비가 내리나
나는 외롭지 않고
다만 젖어 있을 뿐이다
이렇게 먼 거리에 서 있어도
나는 당신을 가리는 우산이고 싶다
언제나 하나의 우산 속에 있고 싶다

어떤 연인들

동량역까지 오는 동안 굴은 길었다
남자는 하나 남은 자리에 여자를 앉히고
의자 팔걸이에 몸을 꼬느어 앉아 있었다
여자는 책갈피를 한 장 한 장 넘기고
남자는 어깨를 기울여 그것들을 읽고 있었다
스물 여섯 일곱쯤 되었을까
남자의 뽀얀 의수가 느리게 흔들리고
손가락 몇 개가 달아나고 없는 다른 손등으로
불꽃 자국 별처럼 깔린 얼굴 위
안경테를 추스르고 있었다
뭉그러진 남자의 가운뎃손가락에 오래도록 꽂히는
낯선 내 시선을 끊으며
여자의 고운 손이 남자의 손을 말없이 감싸 덮었다
굴을 벗어난 차창 밖으로 풀리는 강물이 소리치며 쫓아
오고
열차는 목행을 향해 달려가고 있었다
여자의 머리칼을 쓰다듬는 남자의 손가락 두 개

여자는 남자의 허리에 머릴 기대어 있었고
남자의 푸른 심줄이 강물처럼 살아서 흘러내리고 있었다

다시 부르는 기전사가*

그대들 지금도 날 기억하는가
장백산 사십 척 골짝에 누워
어랑촌, 백운평 원시림 속 떠돌며
압록강 얼음 위에 은빛 달 뜰 때마다
끓어오르는 울음 살 아린 바람더미로
되살아나고 되살아나는 내 핏발 선 목청
그대들 지금도 기억하고 있는가
시월 삭풍에 우우우 북간도의 겨울은 몰려오는데
야영화 달군 돌 위에 옥수수가루 콩가루
짓이겨 지짐하여 허기를 채우고
키 넘는 활엽으로 등 녹이고 가슴 덮으며
사흘 낮 사흘 밤을 꼬박 새워 싸우며
우리는 한 발짝도 물러설 수 없었지
총대에 내 몸을 칭칭 감아 동여매고
장고봉 넘어 치내려온 관동군, 만철수비대
수백여 구의 뼛속에 박힌 분노가 되어
영영 돌아오지 않고 지금도 썩어 있는

아, 나는 북로군정서 소년병 최인걸
자랑스런 대한독립군의 기관총 사수였다
지금도 나는 꼭 한 번만 더 살아나고 싶구나
언제고 한 번만 더 살아 일어나서
하나 남은 기관총에 다시 허리를 묶고
끊임없이 이 땅에 밀려오는 저 적들의 가운데로
방아쇠를 당기며 달려가고 싶구나
밀림 속에 숨어 아직도 돌격 소리 그치지 않는
저 새로운 음모의 한복판을 향해
빗발치는 탄알 소리로 쏟아지고 싶구나
늦가을달 높이 뜬 삼천리 반도를 오가며
그때 부르던 기전사가 다시 부르고 싶구나

―――――――

* 〈祈戰死歌〉. 청산리전투 당시 독립군이 부르던 군가.

목감기

봄이 오면 자주 목을 앓았다
하루쯤 쉬어야겠다며 지어주는
가루약을 맹물로 털어 넣고
어지럼증 속에서 수업을 했다
오전 네 시간은 미국 문화와 인디언 멸망을 얘기했고
오후에는 신식민정책을 이기고
우리가 살아남아야 할 게 아니냐고 목울대를 세웠다
여덟 시간의 수업이 끝나고 자리로 돌아왔을 때
목보다 종아리가 더 땡겼다
일곱 시간째는 참말 쉬고 싶었다
쇳소리가 날 때면 몇 번씩 마른기침으로 말을 끊었다
그러나 선생님, 나라에선 왜 가만히 있나요
아이 하나가 물어올 땐
목이 가래서만은 아닌데도 얼버무리고 말았다
창 너머로 부옇게 황사바람이 밀려오고
음악실에선가 합창으로 부르는 아메리카 민요가 들려왔다

내가 사랑하는 당신은

1988

눈물

마음 둘 데 없어 바라보는 하늘엔

떨어질 듯 깜빡이는 눈물 같은 별이 몇 개

자다 깨어 보채는 엄마 없는 우리 아가

울다 잠든 속눈썹에 젖어 있는 별이 몇 개

내가 사랑하는 당신은

저녁숲에 내리는 황금빛 노을이기보다는
구름 사이에 뜬 별이었음 좋겠어
내가 사랑하는 당신은
버드나무 실가지 가볍게 딛으며 오르는 만월이기보다는
동짓달 스무날 빈 논길을 쓰다듬는 달빛이었음 싶어.

꽃분에 가꾼 국화의 우아함보다는
해가 뜨고 지는 일에 고개를 끄덕일 줄 아는 구절초이었음해.
내 사랑하는 당신이 꽃이라면
꽃 피우는 일이 곧 살아가는 일인
콩꽃 팥꽃이었음 좋겠어.

이 세상의 어느 한 계절 화사히 피었다
시들면 자취 없는 사랑 말고
저무는 들녘일수록 더욱 은은히 아름다운
억새풀처럼 늙어갈 순 없을까

바람 많은 가을 강가에 서로 어깨를 기댄 채

우리 서로 물이 되어 흐른다면
바위를 깎거나 갯벌 허무는 밀물 썰물보다는
물오리떼 쉬어가는 저녁 강물이었음 좋겠어
이렇게 손을 잡고 한세상을 흐르는 동안
갈대가 하늘로 크고 먼바다에 이르는 강물이었음 좋겠어.

꽃다지

바람 한 줄기에도 살이 떨리는
이 하늘 아래 오직 나 혼자뿐이라고
내가 이 세상에 나왔을 때
나는 생각했습니다

처음 돋는 풀 한 포기보다 소중히 여겨지지 않고
민들레만큼도 화려하지 못하여
나는 흙바람 속에 조용히
내 몸을 접어두고 있었습니다

그러나 내가 당신을 안 뒤부터는
지나가는 당신의 그림자에
몸을 쉬는 것만으로도 마음이 편했고
건넛산 언덕에 살구꽃들이
당신을 향해 피는 것까지도 즐거워했습니다

내 마음은 이제 열을 지어

보아주지 않는 당신 가까이 왔습니다
당신이 결코 마르지 않는 샘물로 흘러오리라 믿으며
다만 내가 당신의 무엇이 될까만을 생각했습니다

나는 아직도 당신에게는 이름이 없는 꽃입니다
그러나 당신이 너무도 가까이 계심을 고마워하는
당신으로 인해 피어 있는 꽃입니다

논둑에 서서

물가의 오리들이 깃을 치며 후두둑 물을 털어내듯
나무들도 물방울을 털어내며
젖은 몸을 말리고 섰습니다
물살에 쓸려나간 강둑은 깎인 상처 그대로
밀려오는 물들을 안아 흐르고 있습니다
이번 장마는 너무 길었습니다
터지는 둑을 막으며 날이 새도록 빗줄기와 싸우다
마침내는 자갈밭에 무참하게 내동댕이쳐진 모랫가마니처럼
우리의 보람도 한순간에 쓸려 넘어지고 말았습니다
있는 힘을 다해 싸웠지만
알고서도 막을 수 없는 것이 있습니다
생각하지 않는 곳의 길이 끊어지고 둑이 무너져
거침없이 우리를 덮어버리는 때가 있습니다
아직도 빗줄기가 오락가락
슬픔 몇 줄기도 오락가락
가끔씩 찬 이마를 때리고 있습니다
그러나 휘인 허리를 다시 펴는 옥수숫대처럼

천천히 숨을 몰아쉬며 다시 피어나는 강둑의 들꽃처럼
우리도 다시 터진 논둑에 삽을 꽂고 섰습니다
젖은 몸을 바람에 말리며 쓰러진 것들을 세우며 섰습니다.

아가,
너희는 최루탄 없는 세상에서 살아라

지금 우리는 울고 있습니다
최루탄이 터지는 거리에서 아이를 안고 달려가며
하나뿐인 손수건으로 아이의 눈과 입을 가리고
차마 뜨이지 않는 아픈 눈자위를 손등으로 부비며
아이와 함께 우리는 울고 있습니다
조금만 참아라 조금만 더 가면 괜찮다
아가, 너희는 최루탄 없는 세상에서 살아라 달래며
눈이 매워서가 아니라 북받쳐오르는 분노 때문에
우리는 울고 있습니다
정말 눈물 흘려야 할 사람들은 누굽니까
참말 뉘우치며 이 거리로 내려와
밭은 기침을 토하며 우는 이 아이의 눈물을 닦아주어야 할 사람들은 누굽니까
모두들 철문을 굳게 내리 닫은 거리에서
최루탄 쏘는 소리에 더욱 어두워지는 하늘 아래에서
길을 찾으며 우는 낯모르는 아이를 안고 막힌 길을 달려가며

우리는 울고 있습니다
조금만 참아라 조금만 더 가면 괜찮다 소리치며
우리는 뜨거운 노여움으로 울고 있습니다.

너를 만나고

버즘나무 밑에서 버스를 기다리다 너를 만났다
시 몇 줄 쓰는 것 때문에 붉은 도장을 끊임없이 찍게 만들던
네가 아들 딸 남매와 네 아내를 데리고 그 앞에 서 있었다
나도 네 아이들이 귀여워 머리를 쓰다듬으며
집에서 초롱초롱 기다리고 있을 내 자식들을 생각했다
네가 네 자식과 네 나날의 삶을 위해 일을 한다 했듯
나도 내 새끼들의 억압 없는 내일과
가난한 내 이웃들의 빼앗긴 삶을 위해 시를 썼었다
그들 모두의 사람다운 삶을 위해
나도 때론 분노하고 때론 눈물지었다
그리고 너의 그 질긴 발길과 눈매 때문에
나는 몇 해 동안 꼭 너의 그 어린 남매만 한
에미 없는 내 아들 딸과 헤어져 살아야 했다
오늘 이 밤거리에서 버스를 기다리다 너를 만나서
너와 반가운 듯이 손을 잡았다
너를 보면서 나는 분노하고 있었다
그러나 나는 더 힘주어 너의 손을 잡으며 웃었다

그리고 네 편안한 삶과 안녕을 물었다
너는 나에게 있어서 진정 무엇인가
돌아오는 길에 나는 줄곧 그 생각을 하였다
너는 진정 나의 죄인가 원수인가
나는 차창 밖의 별 하나 뜨지 않은 하늘을 보며 도리질했다
칠흑의 하늘 저 뒤에 서서 결코 뉘우치지 아니 할
너무도 당당한 얼굴들을 나는 잊지 않는다
결코 용서할 수 없는
변하지 않은 네 표정을 자꾸 지우려 애를 쓰며
그러나 나는 네가 적이어서는 안 된다고 도리질쳤다
내가 내 작은 고난이나 어려움 따위로
너를 미워하는 것이어서는 안 된다고
안 된다고 도리질쳤다.

배추

순대국밥을 뜨다 말고 박형 당신은 웁니다
노여움과 슬픔 때문이라며 당신은 기어코 웁니다
오늘은 첫눈이 내렸습니다
당신의 밭에 거두어들이지 않은 배추들처럼
당신의 마음도 떨리고 있는 걸 봅니다
슬픔이 아니라 분노이어야 한다고
모두들 언성을 높여도
당신은 배춧속같이 뽀얗게만 있습니다
가으내 당신 손으로 손수 다듬어낸 하나하나의 사랑을
한 포기에 몇십 원씩 바꾸고 돌아와
당신은 별 하나에 술 한 잔을 마십니다
그러나 조용히 이를 맞무는 박형
지금 차마 이렇게 허탈한 손으로는
일곱 달 된 딸아이와
신열로 치솟던 이마를 밤새도록 지켜주던
당신 아내의 조촐한 기다림 곁으로
차마 이렇게 뒤끓는 노여움으로는 돌아갈 수 없어서

겨울 거리를 맴도는 당신의 헝클어진 마음 곁에서
그러나 견딜 수 없는 이 눈물 다 뽑아버리고
노여움으로 지어야 하는 이 삶의 한 포기 한 포기를
우리 같이 똑똑히 잊지 말자는 박형
당신의 순해서 더욱 뜨거운 눈동자를 봅니다.

그대 잘 가라

그대여 흘러흘러 부디 잘 가라
소리 없이 그러나 오래오래 흐르는 강물을 따라
그댈 보내며
이제는 그대가 내 곁에서가 아니라
그대 자리에 있을 때 더욱 아름답다는 걸 안다
어둠 속에서 키 큰 나무들이 그림자를 물에 누이고
나도 내 그림자를 물에 담가 흔들며
가늠할 수 없는 하늘 너머 불타며 사라지는
별들의 긴 눈물
잠깐씩 강물 위에 떴다가 사라지는 동안
밤도 가장 깊은 시간을 넘어서고
밤하늘보다 더 짙게 가라앉는 고요가 내게 내린다
이승에서 갖는 그대와 나의 이 거리 좁혀질 수 없어
그대가 살아 움직이고 미소 짓는 것이 아름다와 보이는
그대의 자리로 그대를 보내며
나 혼자 뼈아프게 깊어가는 이 고요한 강물 곁에서
적막하게 불러보는 그대

잘 가라

지금 비록 너희 곁을 떠나지만

나는 또 너희들 곁을 떠나는구나
기약할 수 없는 약속만을 남기고
강물이 가다가 만나고 헤어지는 산처럼
무더기 무더기 멈추어 선 너희들을 두고
나는 또 너희들 곁을 떠나는구나
비바람 속에서도 다시 피던 봉숭아잎이 안개비에 젖고
뒤뜰에 열지어 선 해바라기들도 모두 고개를 꺾었구나
세월의 한 구비가 이렇게 파도칠 때마다
다 못 나눈 정만 흥건히 담아둔 채 어린 너희들의 가슴에
잔물지는 아픔을 심는구나
나는 다만 너희들과 같은 아이들 곁으로
해야 할 또 다른 일을 찾아 떠나는 것이라고 달래도
마른버짐이 핀 얼굴을 들지 못하고 어깨를 들먹이며
아직도 다하지 못한 나의 말을 자꾸 멈추게 하는구나
우리 꼭 다시 만나자
이 짧은 세상에 영원히 같이 사는 사람은 없지만
너희들이 자라고 내가 늙어서라도 고맙게 자란 너희들의

손을 기쁨으로 잡으며

　이 땅의 인간다운 삶을 위해 함께 일하는 사람으로

　하나 되어 꼭 다시 만나자.

어떤 편지

진실로 한 사람을 사랑할 수 있는 자만이
모든 사람을 사랑할 수 있습니다
진실로 모든 사람을 사랑할 수 있는 자만이
한 사람의 아픔도 외면하지 않습니다
당신을 처음 만난 그 숲의 나무들이 시들고
눈발이 몇 번씩 쌓이고 녹는 동안
나는 한번도 당신을 잊은 적이 없습니다
내가 당신을 처음 만나던 그때는
내가 사랑 때문에 너무도 아파하였기 때문에
당신의 아픔을 사랑할 수 있으리라 믿었습니다
헤어져 돌아와 나는 당신의 아픔 때문에 기도했습니다
당신을 향하여 아껴온 나의 마음을 당신도 알고 계십니다
당신의 아픔과 나의 아픔이 만나
우리 서로 상처에서 벗어날 수 있는 길을 생각합니다
진실로 한 사람을 사랑할 수 있는 동안은 행복합니다
진실로 모든 이에게 아낌없는 사랑을 줄 수 있는 동안은
행복합니다.

지금 비록 너희 곁을 떠나지만

1989

정 선생님,
그리고 보고 싶은 여러 선생님께

어둠이 짙을수록 쇠창살이 더욱 또렷해 옵니다.
잠 못들어 뒤척이는 수인의 고적한 어깨 너머로
또 하루가 흔적 없이 저물었습니다.
때 묻은 모포를 끌어 덮으며
아직도 다하지 못한 일들을 생각합니다.
한 가닥 외로운 진실을 놓지 않고
굶어 쓰러지면서도 우리와 함께 있는
이름들을 조용히 불러 봅니다.
세상 밖에서 가졌던 모든 것을 벗기우고
지금 알몸 위에 흰 수의를 걸치고 살아도
우리가 빼앗긴 세월을 반드시 돌려받을 수 있음을 믿습니다.
감옥의 안에서나 밖에서나
당신들이 우리와 함께 있기 때문입니다.
이름을 빼앗긴 채 가슴에 수인번호를 낙인처럼 달고 살아도
아이들의 가슴 속에 새기고 온 우리의 이름은

아무도 지울 수 없는 것처럼
우리의 뜻을 세상에서 지워버릴 수는 없습니다.
설령 우리가 이곳에서 거미줄에 날개를 묶인 곤충처럼
몸을 떨며 있기를 바란다 해도
설령 우리가 몸을 적실 물 한 방울에 얽매이게 하고
배를 채울 보리밥 한 술에 무릎을 꿇게 하여도
그리하여 우리를 짐승처럼 마룻장에 뒹굴게 하여도
우리는 이 길을 곧게 갑니다.
그렇게 살다 장승죽음으로 실려 나간다 해도
우리는 후회하지 않습니다.
우리의 목숨이 허공에 풀잎처럼 걸려 있는 동안도
자기의 자기를 한 발짝도 벗어나지 않으며
한 톨의 사랑도 실천하지 않는 동료들이
아직도 내 빈 의자의 옆에 가득가득한다 해도
그들을 원망하거나 탓하지 않습니다.
옳다고 믿어 이 길을 택했으므로
옳은 것을 바르게 행하지 않는 것도

죄악이라고 믿었으므로
우리는 새벽이 오는 쪽을 향해
담담히 웃으며 갈 수 있습니다.
서슬 푸른 칼날에 수천의 목이 잘리고
이 나라 땅의 곳곳이 새남터가 된다 하여도
우리는 이 감옥에서 칼날에 꺾이지 않는
마지막 이름으로 남을 수 있습니다.
이 세상의 가장 낮은 곳에 쓰러져 있어도
빛나고 높은 그곳을 향해
우리는 이 길을 곧게 갑니다.

유월 이십 구일

두 해 전 그 여름밤 나 혼자 떨어져 살던
시골읍의 어두운 밤길을 걸어
쓸쓸한 하숙방을 찾아가며 몰래 울었다.
쫓겨다니며 살아온 세월이 서러워서가 아니었다.
누구를 불러볼 수도 없고 만날 수도 없는
궁벽진 거리에서 세월은 흘러가도 산천은 안다고
그 노래를 끝까지 다 못 부르고 혼자 울었다.
유월의 하늘을 내내 떠돌던 최루탄 소리와
쫓기며 눈물을 씻던 생선가게의 비린내 나는 물과
다방여자들이 황급히 거리로 던져 주던 손수건
낯선 많은 사람들의 분노가 어깨를 낀 채
완강하던 폭력들을 골목으로 내몰던 기억과
저녁에 본 큰 활자들의 모습이 무수히 지나갔다.
그리고 더도 덜도 아닌 꼭 두 해가 지난 오늘
유월 이십 구일 나는 지금 죄수복을 입고 감옥에 앉아 있다.
창 밖엔 캄캄한 어둠을 빗줄기가 그으며 가고
마른 번개의 보랏빛 섬광이 이마를 때린다.

두 해 동안 정말 바쁘게 살았다.
그들이 약속한 민주적인 삶을 위하여
내가 발 디디고 선 교단의 민주를 위하여
따뜻한 밥 한 그릇 식구들과 나누어 먹지 못하고
푸근하고 넉넉한 잠을 자 보지 못했다.
내가 하는 일에 조금도 삿된 마음을 먹지 않았었다.
취침나팔 소리에 모포를 끌어 얼굴을 덮으며 생각해 본다.
그런데 지금 나는 어디에 와 있는가

감옥의 벽에 십자가를 새겨 넣고

감옥의 벽에 십자가를 새겨 넣고
비 갠 일요일 아침 당신께 기도드립니다.
엄마 없고 아빠마저 빼앗긴 저의 두 아이를
주님, 당신께서 돌보아 주십사 하고 기도드립니다
밤비에 젖은 얼굴을 털며 일어서는 무궁화꽃처럼
저의 아이들이 자라게 해 주십시오
구름 걷힌 하늘의 작은 햇볕에도 들풀이 자라듯
아이들이 당신 사랑으로 자라게 해 주십시오
좋은 옷 맛난 음식이 아니라
아빠의 손을 잡고 사과나무 과수원
뒷언덕까지만 갔다오는 게 소원인 아이들
장독대에서 감나무 밑까지 자전거만 밀어 줘도
진종일 신이 나는 아이들 곁에
저는 지금 갈 수 없습니다.
단 한마디 말조차 건네 줄 수 없는 곳에
저는 지금 갇혀 있습니다.
이 땅의 아이들을 바르게 키우기 위해 몸 바쳐 온 것은

그것이 당신의 뜻이었기 때문이듯
제가 이 감옥의 독방에 갇힌 것도
당신의 뜻임을 믿습니다.
그러나 오늘 아침 눈물로 보리밥 한 덩이를 씹다가
간절히 당신께 기원합니다.
아이들이 눈물을 흘리면 그 눈물을 씻어 주는
바람이 되어 주시고
돌길에 넘어지면 제 스스로 일어나 걸어갈 수 있도록
북돋우는 말씀이 되어 주시고
말없이 등을 쓰다듬는 손길이 되어 주십시오
이 세상의 모든 나무들이 당신의 사랑으로 크는 것처럼
저의 아이들도 당신 사랑으로 자랄 수 있도록 품어 주십시오
감옥의 벽에 십자가를 새겨 넣고
주님, 오늘 아침 당신께 기도드립니다.

잘 가라, 준아

나는 네 죄를 물을 수가 없다, 준아
나는 이것이 내게 내리는 가장 큰 벌이라 여기고 있다.
나를 묶는 사람 나를 가두는 사람 나를
끝없이 힐난하고 박해하는 그 어떤 사람 앞에서도
나는 떳떳할 수 있었는데
네 앞에서만은 한없이 부끄럽구나
네가 나를 똑바로 쳐다보지 못하듯
나도 너를 바라볼 수가 없구나
네가 씨줄 날줄처럼 꼭꼭 짜여진 학교의 틀에
네 몸을 맞추지 못하고 여기저기를 떠돌다
내게 맡겨졌을 때
나는 네가 내 곁에 사랑으로 오래 있기를 바랐었다.
학교의 틀을 고치려는 생각보다는
네 마음을 학교에 맞추어 보도록 애를 썼었다.
비어 있는 공책에 멀리했던 낱말들을 채곡거려 넣고
친구들과 손을 잡고 운동장으로 달려가는 모습을
멀리서 바라보며 오래도록 내 곁에 있기를 바랐었다.

그러나 결국 네가 내 곁에 있는 날보다
내 곁을 비우는 날이 더 많아지다
어느 날 영영 떠나고 만 뒤
또 여기저기 학교를 떠돌기도 하고
그러다가 사람을 찌르기도 했다는 소식들을
바람결에 듣기도 했었다.
그러나 너를 여기 이 감옥 안에서
알몸으로 만날 줄은 몰랐다.
똑같은 죄수복을 입고 만날 줄은 몰랐다.
끝까지 책임지지 않는 자의 허울뿐인 사랑의 끝을
이토록 뼈저린 만남으로 알게 하는구나
어떤 날은 네가 넣어주는 밥을 먹기도 하고
어떤 날은 같이 점검을 받기도 하면서
아아 선생은 어떤 것이어야 하는가를 알게 하는구나
잘 가라 준아 오늘 재판을 받고
밥그릇 몇 개와 보따리를 챙겨 들고
소년부로 송치되는 네 뒷모습을 보며

나는 끝까지 너의 죄를 물을 수 없었다.
다만 너희를 감옥에 보내지 않는 학교를 만들기 위해
남은 날들을 바치리라
남의 살을 찌르고 네 살에도 칼을 그은 네가
얼마나 더 먼 길을 걸어
네 순한 마음의 가운데로 돌아올런지 모르지만
내가 이곳을 나가 다시 교단에 서게 된다면
준아 떠나고 싶지 않은 학교를 만들기 위해
씻으며 씻으며 내 살을 교단에 바치마
너희를 짓누르고 구스르기만 하는 것이 아니라
너희가 마음껏 뛰고 웃으며 살아갈 수 있는
학교를 만들기 위해 망치를 들마
너희를 고치기 전에 학교를 먼저 고쳐
너희가 바르고 곧게 가는 교실을 하나씩 세워 가마
책 한 권씩 교실 하나씩 고쳐 나가마
다시는 이곳에서 만나지 말자 잘 가라, 준아

답장을 쓰며

현숙아, 오랫동안 편지하지 못했구나
답답하고 괴로울 때면 편지를 꺼내
눈물을 지우고 또 지우며 읽는다는 너의 말은
이 밤 나의 가슴을 아리게 때려온다.
지치고 쓰러질 것 같을 때면
나도 너희들을 생각한단다.
한 손으로 쓰는 기우뚱거리는 글씨가
미안하고 민망스럽다고 했지만
성한 두 손을 다 가지고도
바르고 곧은 글을 쓰지 못하는
선생님은 더없이 부끄러울 뿐이구나
생활과 운명에 맞서 싸우다 쓰러진 사람들 위해
그들의 잘려나가는 희망과 용기와 미래를 위해
선생님으로 꼭 있어 달라는 네 말은
일과를 끝내고 벽오동잎 깔린
언덕길 밟아 내려올 때마다
뻘 흙덩이처럼 내 발을 잡는구나

친구들은 추석을 쇠고 다시 공장으로 떠났는데
갇힌 새처럼 조은리에 남아 그을은 흙벽 앞에 남아
수수목을 몸서리치게 흔들며 고갤 넘는 열차를
몇 번이고 울타리 너머 넘어다보았을
너를 생각한다.
소매 긴 옷 속에 묻어 둔 잘린 네 손목을 생각한다.
긴 머리에 가리운 네 일그러진 반쪽 얼굴을 생각한다.
절망이 뭐냐고 바보같이 죽음이 다 뭐냐고
나는 격하게 너를 나무랐지만
실은 아무도 나누어 가지려 하지 않는
열아홉 네 절망의 아픈 꽃그늘을
선생님이라고 어찌 다 안다 하겠니
오늘도 네 동생 정태를 가르치고 교실문을 나서며
어둠 속에서도 눈을 떠라 가난과 고통이
너희의 끈질긴 핏줄을 시험하고 있다 일어서거라.
남겨 둔 부피만 큰 목소리를 생각했다.
나는 진정 너희들의 온전한 사랑과 꿈으로 살아 있는지

너희들의 따뜻한 화로와 구들장이 되어 있는지
왠지 스산한 바람으로 하늘 끝을 바장일 때가 많구나.
그러나, 현숙아 한 손으로 빤 희고 고운 빨래를 봄볕에 널며
젖은 손으로 가리고 바라보아야 하는 눈부신 햇살의 날은
우리가 살아 있는 동안에 꼭 오고야 만다.
나는 믿고 있다. 남은 네 한 손의 뜻이
꼭 필요하게 쓰이는 날은 반드시 오고야 말 것이다.
우리들이 아직도 믿음과 소망을 꺾어 버리지 않으므로
우리들이 고통과 아픔 속에 비켜서 있지 않으므로
우리의 생명을 기쁨과 고마움으로 누리는
그날은 반드시 오고야 만다.
반드시 오고야 말 것이다.

스승의 기도

날려 보내기 위해 새들을 키웁니다.
아이들이 저희를 사랑하게 해 주십시오.
당신께서 저희를 사랑하듯
저희가 아이들을 사랑하듯
아이들이 저희를 사랑하게 해 주십시오.
저희가 당신께 그러하듯
아이들이 저희를 뜨거운 가슴으로 믿고 따르며
당신께서 저희에게 그러하듯
아이들을 아끼고 소중히 여기며
거짓 없이 가르칠 수 있는 힘을 주십시오.
아이들이 있음으로 해서 저희가 있을 수 있듯
저희가 있음으로 해서
아이들이 용기와 희망을 잃지 않게 해 주십시오.
힘차게 나는 날갯짓을 가르치고
세상을 올곧게 보는 눈을 갖게 하고
이윽고 그들이 하늘 너머 날아가고 난 뒤
오래도록 비어 있는 풍경을 바라보다

그 풍경을 지우고 다시 채우는 일로
평생을 살고 싶습니다.
아이들이 서로 사랑할 수 있는 나이가 될 때까지
저희를 사랑할 수 있게 해 주십시오.
저희가 더더욱 아이들을 사랑할 수 있게 해 주십시오.

어릴 때 내 꿈은

어릴 때 내 꿈은 선생님이 되는 거였어요.
나뭇잎 냄새 나는 계집애들과
먹머루빛 눈 가진 초롱초롱한 사내녀석들에게
시도 가르치고 살아가는 이야기도 들려 주며
창 밖의 햇살이 언제나 교실 안에도 가득한
그런 학교의 선생님이 되는 거였어요.
플라타너스 아래 앉아 시들지 않는 아이들의 얘기도 들으며
하모니카 소리에 봉숭아꽃 한 잎씩 열리는
그런 시골학교 선생님이 되는 거였어요.

나는 자라서 내 꿈대로 선생이 되었어요.
그러나 하루 종일 아이들에게 침묵과 순종을 강요하는
그런 선생이 되고 싶지는 않았어요.
밤 늦게까지 아이들을 묶어 놓고 험한 얼굴로 소리치며
재미없는 시험문제만 풀어주는
선생이 되려던 것은 아니었어요.
옳지 않은 줄 알면서도 그럴듯하게 아이들을 속여 넘기는

그런 선생이 되고자 했던 것은 정말 아니었어요.
아이들이 저렇게 목숨을 끊으며 거부하는데
때 묻지 않은 아이들의 편이 되지 못하고
억압하고 짓누르는 자의 편에 선 선생이 되리라곤 생각지 못했어요.

아직도 내 꿈은 아이들의 좋은 선생님이 되는 거예요.
물을 건너지 못하는 아이들 징검다리 되고 싶어요.
길을 묻는 아이들 지팡이 되고 싶어요.
헐벗은 아이들 언 살을 싸안는 옷 한 자락 되고 싶어요.
푸른 보리처럼 아이들이 쑥쑥 자라는 동안
가슴에 거름을 얹고 따뜻하게 썩어가는 봄흙이 되고 싶어요.

김 선생의 분재

연말 정리를 하다 교무실 창 밖을 바라본다.
모과나무 숲 사이에서 놀고 있는 아이들의
해사한 얼굴 위에 겨울 햇살이 매끄럽다.
김 선생은 철쭉 한 그루를 화분에 옮겨 심고
가지마다 굵은 철사를 동여매어
꺾이지 않을 만큼 이리 비틀고 저리 틀어
비는 시간마다 분재를 만든다.
모두들 모여 서서 잘되었다 잘되었다고 한다.
이 달이 가면 또 한 해가 저문다.
모두들 잘되었다 잘되었다 할 것이다.
모과나무 사이에서 쏟아질 듯 웃던 아이들을
급하게 불러들이는 종소리가 울려온다.

당신은 누구십니까

1993

겨울 골짝에서

낮은 가지 끝에 내려도 아름답고
험한 산에 내려도 아름다운 새벽눈처럼
내 사랑도 당신 위에 그렇게 내리고 싶습니다
밤을 새워 당신의 문을 두드리며 내린 뒤
여기서 거기까지 걸어간 내 마음의 발자국 그 위에 찍어
당신 창 앞에 놓아두겠습니다
당신을 향해 이렇게 가득가득 쌓이는 마음을 모르시면
당신의 추녀 끝에서 줄줄이 녹아
고드름이 되어 당신에게 보여주겠습니다
그래도 당신이 바위처럼 돌아앉아 있으면
그래도 당신이 저녁산처럼 돌아앉아 있으면
바람을 등에 지고 벌판으로 돌아가겠습니다
당신을 사랑했었노라는 몇줄기 눈발 같은 소리가 되어
하늘과 벌판 사이로 떠돌며 돌아가겠습니다.

폭설

폭설이 내렸어요 이십 년 만에 내리는
큰 눈이라 했어요 그 겨울 나는 다시
사랑에 대해서 생각했지요
때 묻은 내 마음의 돌담과 바람뿐인
삶의 빈 벌판 쓸쓸한 가지를 분지를 듯
눈은 쌓였어요
길을 내러 나갔지요
누군가 이 길을 걸어오기라도 할 것처럼
내게 오는 길을 쓸러 나갔지요
손님을 기다리는 마음으로 먼지를 털고
오랫동안 사람이 살지 않던 내 가슴속
빈 방을 새로 닦기도 했어요
내가 다시 사랑할 수 있다면
내 사랑 누군가에게 화살처럼 날아가 꽂히기보다는
소리 없이 내려서 두텁게 쌓이는 눈과 같으리라 느꼈어요
새벽 강물처럼 내 사랑도 흐르다
저 홀로 아프게 자란 나무들 만나면

물안개로 몸을 바꿔 그 곁에 조용히 머물고
욕심 없이 자라는 새떼를 만나면
내 마음도 그렇게 깃을 치며 하늘에 오를 것 같았어요
구원과 절망을 똑같이 생각했어요
이 땅의 더러운 것들을 덮은 뒤 더러운 것들과 함께
녹으며 한동안은 때 묻은 채 길에 쓰러져 있을
마지막 목숨이 다하기 전까지의 그 눈들의 남은 시간을
그러나 다시는 절망이라 부르지 않기로 했어요
눈물 없는 길이 없는 이 세상에
고통 없는 길이 없는 이 세상에
우리가 사는 동안
우리가 사랑하는 일도 또한 그러하겠지만
눈물에 대해서는 미리 생각지 않기로 했어요
내가 다시 한 사람을 사랑한다면
그것은 다시 삶을 사랑해야 한다는 것이며
더 이상 어두워지지 말자는 것이었지요.

당신은 누구십니까

강으로 오라 하셔서 강으로 나갔습니다
처음엔 수천 개 햇살을 불러내어 찬란하게 하시더니
산그늘로 모조리 거두시고 바람이 가리키는
아무도 없는 강 끝으로 따라오라 하시는 당신은 누구십니까

숲으로 오라 하셔서 숲 속으로 당신을 만나러 갔습니다
만나자 하시던 자리엔 일렁이는 나무 그림자를 대신 보내곤
몇 날 몇 밤을 붉은 나뭇잎과 함께 새우게 하시는
당신은 어디에 계십니까

고개를 넘으라 하셔서 고개를 넘었습니다
고갯마루에 한 무리 기러기떼를 먼저 보내시곤
그중 한 마리 자꾸만 되돌아보게 하시며
하늘 저편으로 보내시는 뜻은 무엇입니까

저를 오솔길에서 세상 속으로 불러내시곤
세상의 거리 가득 물밀듯 밀려오는 사람들 사이에서

나타났단 사라지고 떠오르다간 잠겨가는
당신은 누구십니까

상처와 고통을 더 먼저 주셨습니다 당신은
상처를 씻을 한 접시의 소금과 빈 갯벌 앞에 놓고
당신은 어둠 속에서 이 세상에 의미 없이 오는 고통은 없다고
그렇게 써놓고 말이 없으셨습니다

당신은 누구십니까
저는 지금 풀벌레 울음으로도 흔들리는 여린 촛불입니다
당신이 붙이신 불이라 온몸을 태우고 있으나
제 작은 영혼의 일만팔천 갑절 더 많은 어둠을 함께 보내신
당신은 누구십니까.

사랑도 살아가는 일인데

꽃들은 향기 하나로 먼 곳까지 사랑을 전하고
새들은 아름다운 소리 지어 하늘 건너 사랑을 알리는데
제 사랑은 줄이 끊긴 악기처럼 소리가 없었습니다
나무는 근처의 새들을 제 몸 속에 살게 하고
숲은 그 그늘에 어둠이 무서운 짐승들을 살게 하는데
제 마음은 폐가처럼 아무도 와서 살지 않았습니다
사랑도 살아가는 일인데
하늘 한복판으로 달아오르며 가는 태양처럼
한번 사랑하고 난 뒤
서쪽 산으로 조용히 걸어가는 노을처럼
사랑할 줄은 몰랐습니다
얼음장 밑으로 흐르면서 얼지 않아
골짝의 언 것들을 녹이며 가는 물살처럼
사랑도 그렇게 작은 물소리로 쉬지 않고 흐르며 사는 일인데
제 사랑은 오랜 날 녹지 않은 채 어둔 숲에 버려져 있었습니다

마음이 닮아 얼굴이 따라 닮는 오래 묵은 벗처럼
그렇게 살며 늙어가는 일인데
사랑도 살아가는 일인데.

우기

새 한 마리 젖으며 먼 길을 간다
하늘에서 땅끝까지 적시며 비는 내리고
소리 내어 울진 않았으나
우리도 많은 날 피할 길 없는 빗줄기에 젖으며
남 모르는 험한 길을 많이도 지나왔다
하늘은 언제든 비가 되어 적실 듯 무거웠고
세상은 우리를 버려둔 채 낮밤 없이 흘러갔다
살다보면 매지구름 걷히고 하늘 개는 날 있으리라
그런 날 늘 크게 믿으며 여기까지 왔다
새 한 마리 비를 뚫고 말없이 하늘 간다.

별에 쓰는 편지

부칠 곳 없는 편지 별에다 씁니다
들어줄 이 없어도 혼잣말로 써가고
보아줄 이 없어도 손으로 씁니다
맨 처음 썼던 말은 뒤따라오며 지워지고
보고 싶다는 한마디만 끝인사로 남습니다
밤마다 쇠창살을 손으로 부여잡고
부칠 곳 없는 편지 별에다 씁니다.

담쟁이

저것은 벽
어쩔 수 없는 벽이라고 우리가 느낄 때
그때
담쟁이는 말없이 그 벽을 오른다
물 한 방울 없고 씨앗 한 톨 살아남을 수 없는
저것은 절망의 벽이라고 말할 때
담쟁이는 서두르지 않고 앞으로 나아간다
한 뼘이라도 꼭 여럿이 함께 손을 잡고 올라간다
푸르게 절망을 다 덮을 때까지
바로 그 절망을 잡고 놓지 않는다
저것은 넘을 수 없는 벽이라고 고개를 떨구고 있을 때
담쟁이잎 하나는 담쟁이잎 수천 개를 이끌고
결국 그 벽을 넘는다.

오후반

너는 들어갈 교실이 없고
나는 돌아갈 학교가 없구나
하급반 아이들이 공부하는 창 밖에서
너는 가방을 풀지 못한 채
오후의 햇살을 발로 차며 서성이거나
차가운 골마루에 올망졸망 쪼그리고 앉아
빗소리와 선생님 말소리가 뒤섞이는 받아쓰기를 하는구나
사람들마다 일터를 찾아 바쁘게 달려나간
적막한 오후의 거리를 지나다 너희 학교를 바라본다
얼마나 더 지나야 너희의 꿈과 이야기가
알록달록 아름다운 저마다의 교실을 갖게 될까
얼마나 더 지나야 아이들과 싱그러운 아침인사를 나누며
나도 자랑스럽게 학교문을 들어설 수 있게 될까.

닭장차 안에서

몽둥이에 맞아 머리가 깨어진 동료의 소식을 알려고
경찰서를 찾아갔다 닭장차를 탔다
치료를 해주고 있는지 철창 안에 갇혀 있는지 묻다가
흉악범처럼 팔을 잡히고 팔다리를 들리어 닭장차에 실렸다
왜 우리가 연행되어야 하는지 이유를 묻자
그들은 기다렸다는 듯이 군가를 불러댔다
책임자가 누구냐 이것이 민주주의냐 물어도
그들은 지시에 따라 군가만을 불러댔다
이 한 목숨을 조국에 바친다고도 불렀고
충성을 다하리라 하고 부르기도 했다
군가가 끊기는 사이마다 철창을 두드리며
거리의 시민들을 향하여 우리가 애타게 외쳐대기가 무섭게
그들은 어머니의 자랑스런 아들이 되어 하고 노래를 불렀다
그리고는 시내를 빠져나와 아직 겨울이 다 가지 않은 들판이나
변두리 파출소에 삼삼오오 흩어 팽개치며
황급히 그들은 떠났다

계급장이 없는 군복 몸에 맞지 않는 헐렁한 군복의 땟물을 감추며

그들은 또다시 차를 타고 떠나며 군가를 불러댔다

사나이 한 목숨 무엇이 두려우랴 외치며 그들은 달려갔다

그들의 조국 그들의 목숨에 대하여 물어볼 새도 없이 그들은 떠났다.

우리는 우리끼리 울었어

우리의 몸 속에서 조금씩 생명이 꺼져갈 때도
우리는 밤을 새워 일을 했어
어둠 속에서 어린 네가 숨을 쉬지 못하다가
엄마의 얼굴에 백지장 같은 신호를 보낼 때까지도
우리는 미련스럽게 고통을 참으며
날이 새기를 기다렸어
며칠 뒤에 있을 집회 준비에 다른 생각을 못했어
그러는 사이에 배 속의 네가 죽어가고 있었는데도 말이야
설이 끼어 있는 이번 달은 월급도 받지 못했지
너는 붉은 피가 되어서 해직교사 엄마 곁을 빠져나갔어
우리는 우리끼리 울었어
우리의 목숨이 어떻게 꺼져가고 있는지 생각지도 않는
너희 앞에서는 울지 않고
우리끼리 서로 안고 울었어
어이없이 허물어져버리는 벼랑의 흙처럼
생명이 몸 속에서 꺼져가는 동안
우리는 우리끼리 울었어.

사람의 마을에 꽃이 진다

1994

오늘 밤 비 내리고

오늘 밤 비 내리고
몸 어디인가 소리 없이 아프다
빗물은 꽃잎을 싣고 여울로 가고
세월은 육신을 싣고 서천으로 기운다
꽃 지고 세월 지면 또 무엇이 남으리
비 내리는 밤에는 마음 기댈 곳 없어라

바람이 그치면 나도 그칠까

바람이 그치면 나도 그칠까
빗발이 멈추면 나도 멈출까
몰라 이 세상이 멀어서 아직은 몰라
아픔이 다하면 나도 다할까
눈물이 마르면 나도 마를까
석삼년을 생각해도 아직은 몰라
닫은 마음 풀리면 나도 풀릴까
젖은 구름 풀리면 나도 풀릴까
몰라 남은 날이 많아서 아직은 몰라
하늘 가는 길이 멀어 아직은 몰라

꽃잎 인연

몸끝을 스치고 간 이는 몇이었을까
마음을 흔들고 간 이는 몇이었을까
저녁하늘과 만나고 간 기러기 수만큼이었을까
앞강에 흔들리던 보름달 수만큼이었을까
가지 끝에 모여와주는 오늘 저 수천 개 꽃잎도
때가 되면 비 오고 바람 불어 속절없이 흩어지리
살아 있는 동안은 바람 불어 언제나 쓸쓸하고
사람과 사람끼리 만나고 헤어지는 일들도
빗발과 꽃나무들 만나고 헤어지는 일과 같으리

홍매화

눈 내리고 내려 쌓여 소백산 자락 덮어도
매화 한 송이 그 속에서 핀다

나뭇가지 얼고 또 얼어
외로움으로 반질반질해져도
꽃봉오리 솟는다

어이하랴 덮어버릴 수 없는
꽃 같은 그대 그리움

그대 만날 수 있는 날 아득히 멀고
폭설은 퍼붓는데

숨길 수 없는 숨길 수 없는
가슴속 홍매화 한 송이

세우

가는 비 꽃잎에 삽삽이 내리고
강 건너 마을은 비안개로 흐리다
찔레꽃 찬 잎은 발등에 지는데
그리운 얼굴은 어느 마을에 들었는가
젖은 몸 그리움에 다시 젖는 강기슭

보리 팰 무렵

장다리 꽃밭에 서서 재 너머를 바라봅니다
자갈밭에 앉아서 강 건너 빈 배를 바라봅니다
올해도 그리운 이 아니 오는 보리 팰 무렵
어쩌면 영영 못 만날 사람을 그리다가 옵니다

흔들리며 피는 꽃

흔들리지 않고 피는 꽃이 어디 있으랴
이 세상 그 어떤 아름다운 꽃들도
다 흔들리면서 피었나니
흔들리면서 줄기를 곧게 세웠나니
흔들리지 않고 가는 사랑이 어디 있으랴

젖지 않고 피는 꽃이 어디 있으랴
이 세상 그 어떤 빛나는 꽃들도
다 젖으며 젖으며 피었나니
바람과 비에 젖으며 꽃잎 따뜻하게 피웠나니
젖지 않고 가는 삶이 어디 있으랴

병

마음속 불꽃이
병이 된다
가슴속 북풍이
병이 된다

불 같은 그리움
얼음 같은 외로움이
병이 된다

지나온 내 생애의
발자국마다
나로 인해 내린 비가
병이 되어 고인다

불 타며 불 타며
병이 된다
바람 불어 바람 불어

병이 된다

물결도 없이 파도도 없이

그리움도 설렘도 없이 날이 저문다
해가 가고 달이 가고 얼굴엔 검버섯 피는데
눈물도 고통도 없이 밤이 온다
빗방울 하나에 산수유 피고 개나리도 피는데
물결도 파도도 없이 내가 저문다

단식

아름다운 세상을 꿈꾸는 일은 이토록 어려운가
단식농성장에서 병원으로 실려오는 차 안에서
주르르 눈물이 흐른다, 나이 사십에

아름다운 세상 아, 형벌 같은 아름다운 세상

부드러운 직선

1998

종이배 사랑

내 너 있는 쪽으로 흘려보내는 저녁 강물빛과
네가 나를 향해 던지는 물결소리 위에
우리 사랑은 두 척의 흔들리는 종이배 같아서
무사히 무사히 이 물길 건널지 알 수 없지만

아직도 우리가 굽이 잦은 계곡물과
물살 급한 여울목 더 건너야 하는 나이여서
지금 어깨를 마주 대고 흐르는 이 잔잔한 보폭으로
넓고 먼 한 생의 바다에 이를지 알 수 없지만

이 흐름 속에 몸을 쉴 모래톱 하나
우리 영혼의 젖어 있는 구석구석을 햇볕에 꺼내 말리며
머물렀다 갈 익명의 작은 섬 하나 만나지 못해

이 물결 위에 손가락으로 써두었던 말 노래에 실려
기우뚱거리며 뱃전을 두드리곤 하던 물소리 섞인 그 말
밀려오는 세월의 발길에 지워진다 해도

잊지 말아다오 내가 쓴 그 글씨 너를 사랑한다는 말이었음을

내 너와 함께하는 시간보다
그물을 들고 먼 바다로 나가는 시간과
뱃전에 진흙을 묻힌 채 낯선 섬의
감탕밭에 묶여 있는 시간 더 많아도

내 네게 준 사랑의 말보다 풀잎 사이를 떠다니는 말
벌레들이 시새워 우는 소리 더 많이 듣고 살아야 한다 해도
잊지 말아다오 지금 내가 한 이 말이
네게 준 내 마음의 전부였음을

바람결에 종이배에 실려 보냈다 되돌아오기를 수십 번
살아 있는 동안 끝내 이 한마디 네 몸 깊은 곳에
닻을 내리지 못한다 해도 내 이 세상 떠난 뒤에 너 남거든

기억해다오 내 너를 얼마나 사랑했는지

가지 않을 수 없던 길

가지 않을 수 있는 고난의 길은 없었다
몇몇 길은 거쳐오지 않았어야 했고
또 어떤 길은 정말 발 디디고 싶지 않았지만
돌이켜보면 그 모든 길을 지나 지금
여기까지 온 것이다
한번쯤은 꼭 다시 걸어보고픈 길도 있고
아직도 해거름마다 따라와
나를 붙잡고 놓아주지 않는 길도 있다
그 길 때문에 눈시울 젖을 때 많으면서도
내가 걷는 이 길 나서는 새벽이면 남모르게 외롭고
돌아오는 길마다 말하지 않은 쓸쓸한 그늘 짙게 있지만
내가 가지 않을 수 있는 길은 없었다
그 어떤 쓰라린 길도
내게 물어오지 않고 같이 온 길은 없었다
그 길이 내 앞에 운명처럼 파여 있는 길이라면
더욱 가슴 아리고 그것이 내 발길이 데려온 것이라면
발등을 찍고 싶을 때 있지만

내 앞에 있던 모든 길들이 나를 지나
지금 내 속에서 나를 이루고 있는 것이다
오늘 아침엔 안개 무더기로 내려 길을 뭉텅 자르더니
저녁엔 헤쳐온 길 가득 나를 혼자 버려둔다
오늘 또 가지 않을 수 없던 길
오늘 또 가지 않을 수 없던 길

사라지고 없는 그

그의 이름을 가만히 불러보는 것만으로도
얼마나 가슴이 두근거리는지 모른다
그의 얼굴을 소리 없이 떠올려보는 것만으로도
얼마나 가슴이 떨려오는지 모른다

그런데 사람들은 그것이 불행의 시작이라 한다
고통받는 우리 삶의 원인이 버리지 못하는
희망에 있다고 그런 우리 사랑의
비현실성에 있다고 말한다

이미 사라지고 없는 그를 아직도 사랑하는 까닭에
결국은 우리를 배반하고야 말 희망의
또다른 얼굴을 보지 못하는 까닭에
불행은 끝나지 않을 것이라 한다

그러나 나는 오늘도 그를 찾아 거친 길을 나선다
그와 만날 수 있다는 생각만으로도 다시 설레고

그와 만나기로 한 시간이 가까워지는 것만으로도
나는 첫사랑을 만날 때처럼 다시 소년이 되곤 한다

희망이라는 이름의 그가 이 세상에 살아 있다는 것만으로도
나는 내가 살아 있어야 한다고 믿게 되고
내가 아직 버리지 못하는 것들을 안고 살아 있다는 것만으로도
그가 우리에 대한 기쁨을 버리지 않을 것이므로

부드러운 직선

높은 구름이 지나가는 쪽빛 하늘 아래
사뿐히 추켜세운 추녀를 보라 한다
뒷산의 너그러운 능선과 조화를 이룬
지붕의 부드러운 선을 보라 한다
어깨를 두드리며 그는 내게
이제 다시 부드러워지라 한다
몇 발짝 물러서서 흐르듯 이어지는 처마를 보며
나도 웃음으로 답하며 고개를 끄덕인다
그러나 저 유려한 곡선의 집 한 채가
곧게 다듬은 나무들로 이루어진 것을 본다
휘어지지 않는 정신들이
있어야 할 곳마다 자리잡아
지붕을 받치고 있는 걸 본다
사철 푸른 홍송숲에 묻혀 모나지 않게
담백하게 뒷산 품에 들어 있는 절집이
굽은 나무로 지어져 있지 않음을 본다
한 생애를 곧게 산 나무의 직선이 모여

가장 부드러운 자태로 앉아 있는

늑대

너는 왜 길들여지지 않는 것일까
편안한 먹이를 찾아
먹이를 주는 사람들 찾아
많은 늑대가 개의 무리 속으로 떠나가는데
너는 왜 아직 산골짝 바위틈을 떠나지 않는 것일까

너는 왜 불타는 눈빛을 버리지 않는 것일까
번개가 어두운 밤하늘을 가르며 달려가던
날카로운 빛으로 맹수들을 쏘아보며
들짐승의 살 물어뜯으며
너는 왜 아직도 그 눈빛 버리지 않는 것일까

너는 왜 바람을 피하지 않는 것일까
여름날의 천둥과 비바람
한겨울 설한풍 피할 안식처가
사람의 마을에는 집집마다 마련되어 있는데
왜 바람 부는 들판을 떠나지 않는 것일까

오늘은 사람들 사이에서 늑대를 본다
인사동 지나다 충무로 지나다 늑대를 본다
늑대의 눈빛을 하고 바람 부는 도시의 변두리를
홀로 어슬렁거리는 늑대를 본다
그 무엇에도 길들여지지 않는 외로운 정신들을

배롱나무

배롱나무를 알기 전까지는
많은 나무들 중에 배롱나무가 눈에 보이지 않았습니다

가장 뜨거울 때 가장 화사한 꽃을 피워놓고는
가녀린 자태로 소리 없이 물러서 있는 모습을 발견하고
남모르게 배롱나무를 좋아하게 되었는데
그 뒤론 길 떠나면 어디서든 배롱나무가 눈에 들어왔습니다

지루하고 먼 길을 갈 때면 으레 거기 서 있었고
지치도록 걸어오고도 한 고개를 더 넘어야 할 때
고갯마루에 꽃그늘을 만들어놓고 기다리기도 하고

갈림길에서 길을 잘못 들어 다른 길로 접어들면
건너편에서 말없이 진분홍 꽃숭어리를 떨구며
서 있기도 했습니다

이제 그만 하던 일을 포기하고 싶어

혼자 외딴섬을 찾아가던 날은
보아주는 이도 없는 곳에서 바닷바람 맞으며
혼자 꽃을 피우고 있었습니다.
꽃은 누구를 위해서 피우는 게 아니라고 말하듯

늘 다니던 길에 오래 전부터 피어 있어도
보이지 않다가 늦게사 배롱나무를 알게 된 뒤부터
배롱나무에게서 다시 배웁니다

사랑하면 보인다고
사랑하면 어디에 가 있어도
늘 거기 함께 있는 게 눈에 보인다고

섬

그대 떠나고 난 뒤 눈발이 길어서
그 겨울 다 가도록 외로웠지만
그대가 곁에 있던 가을 햇볕 속에서도
나는 내내 외로웠다

그대가 그대 몫의 파도를 따라
파도 속 작은 물방울로
수평선 너머 사라져간 뒤에도
하늘 올려다보며 눈물 감추었지만

그대가 내 발목을 감으며
밀려오고 밀려가는 물결이었을 때도
실은 돌아서서 몰래 아파하곤 했다

그대도 눈치채지 못하고
나도 어쩌지 못한
다만 내 외로움

내 외로움 때문에 나는 슬펐다

그대 떠나고 난 뒤
가을 겨울 봄 다 가도록 외로웠지만
그대 곁에 있던 날들도
내 속에서 나를 떠나지 않는 외로움으로
나는 슬펐다

귀가

언제부터인가 우리가 만나는 사람들은 지쳐 있었다
모두들 인사말처럼 바쁘다고 하였고
헤어지기 위한 악수를 더 많이 하며
총총히 돌아서 갔다
그들은 모두 낯선 거리를 지치도록 헤매거나
볕 안 드는 사무실에서
어두워질 때까지 일을 하였다
부는 바람 소리와 기다리는
사랑하는 이의 목소리가 잘 들리지 않고
지는 노을과 사람의 얼굴이
제대로 보이지 않게 되었다
밤이 깊어서야 어두운 골목길을 혼자 돌아와
돌아오기가 무섭게 지쳐 쓰러지곤 하였다
모두들 인간답게 살기 위해서라 생각하고 있었다
우리의 몸에서 조금씩 사람의 냄새가
사라져가는 것을 알면서도
인간답게 살 수 있는 터전과

인간답게 살 수 있는 시간을
벌기 위해서라 믿고 있었다
그러나 오늘 쓰지 못한 편지는
끝내 쓰지 못하고 말리라
오늘 하지 않고 생각 속으로 미루어둔
따뜻한 말 한마디는
결국 생각과 함께 잊혀지고
내일도 우리는 여전히 바쁠 것이다
내일도 우리는 어두운 골목길을
지친 걸음으로 혼자 돌아올 것이다

칸나꽃밭

가장 화려한 꽃이
가장 처참하게 진다

네 사랑을 보아라
네 사랑의 밀물진 꽃밭에
서서 보아라

절정에 이르렀던 날의 추억이
너를 더 아프게 하리라 칸나꽃밭

민들레 뿌리

날이 가물수록 민들레는 뿌리를 깊이 내린다
때가 되면 햇살 가득 넘치고 빗물 넉넉해
꽃 피고 열매 맺는 일 순탄하기만 한 삶도 많지만
사는 일 누구에게나 그리 만만치 않아
어느 해엔 늦도록 추위가 물러가지 않거나
가뭄이 깊어 튼실한 꽃은커녕
몸을 지키기 어려운 때도 있다
눈치 빠른 이들은 들판을 떠나고
남아 있는 것들도 삶의 반경 절반으로 줄이며
떨어져나가는 제 살과 이파리들
어쩌지 못하고 바라보아야 할 때도 있다
겉보기엔 많이 빈약해지고 초췌하여 지쳐 있는 듯하지만
그럴수록 민들레는 뿌리를 깊이 내린다
남들은 제 꽃이 어떤 모양 어떤 빛깔로 비칠까 걱정할 때
곁뿌리 다 데리고 원뿌리를 곧게 곧게 아래로 내린다
꽃 피기 어려운 때일수록 두 배 세 배 깊어져간다
더욱 말없이 더욱 진지하게 낮은 곳을 찾아서

슬픔의 뿌리

● 2002

여백

언덕 위에 줄지어 선 나무들이 아름다운 건
나무 뒤에서 말없이
나무들을 받아안고 있는 여백 때문이다
나뭇가지들이 살아온 길과 세세한 잔가지
하나하나의 흔들림까지 다 보여주는
넉넉한 허공 때문이다
빽빽한 숲에서는 보이지 않는
나뭇가지들끼리의 균형
가장 자연스럽게 뻗어 있는 생명의 손가락을
일일이 쓰다듬어주고 있는 빈 하늘 때문이다
여백이 없는 풍경은 아름답지 않다
비어 있는 곳이 없는 사람은 아름답지 않다
여백을 가장 든든한 배경으로 삼을 줄 모르는 사람은

자목련

너를 만나서 행복했고
너를 만나서 고통스러웠다

마음이 떠나버린 육신을 끌어안고
뒤척이던 밤이면
머리맡에서 툭툭 꽃잎이
지는 소리가 들렸다

백목련 지고 난 뒤
자목련 피는 뜰에서
다시 자목련 지는 날을
생각하는 건 고통스러웠다

꽃과 나무가
서서히 결별하는 시간을 지켜보며
나무 옆에 서 있는 일은 힘겨웠다
스스로 참혹해지는

자신을 지켜보는 일은

너를 만나서 행복했고

너를 만나서 오래 고통스러웠다

사랑의 침묵

꽃들에게 내 아픔 숨기고 싶네
내 슬픔 알게 되면 꽃들도 울 테니까*

얼음이 녹고 다시 봄은 찾아와
강물이 내게 부드럽게 말 걸어올 때도
내 슬픔 강물에게 말하지 않겠네
강물이 듣고 나면 나보다 더 아파하며
눈물로 온 들을 적시며 갈 테니까

겨울이 끝나고 북서풍 물러갈 무렵엔
우리 사랑 끝나야 하는 이유를
나는 바람에게도 말하지 않겠네
이제 막 눈을 뜨는 햇살에게도
삶이 왜 괴로움인지 말하지 않겠네

새떼들 돌아오고 들꽃 잠에서 깨어나도
아직은 아직은 말하지 않겠네

떠나는 사랑 붙잡을 수 없는 진짜 이유를
꽃들이 듣고 나면 나보다 더 슬퍼하며
아름다운 꽃잎 일찍 떨구고 말 테니까**

―――――――

*, ** 영화 〈부에나 비스타 소셜 클럽〉에서 나오는 노래 〈침묵〉에서 인용.

아름다운 길

너는 내게 아름다운 길로 가자 했다
너와 함께 간 그 길에 꽃이 피고 단풍 들고
길 옆으로 영롱한 음표들을 던지며 개울물이 흘렀지만
겨울이 되자 그 길도 걸음을 뗄 수 없는 빙판으로 변했다

너는 내게 끝없이 넓은 벌판을 보여달라 했다
네 손을 잡고 찾아간 들에는 온갖 풀들이 손을 흔들었고
우리 몸 구석구석은 푸른 물감으로 물들었다
그러나 빗줄기가 몰아치자 몸을 피할 곳이 없었다

내 팔을 잡고 놓지 않았기 때문에
내가 넘어질 때 너도 따라 쓰러졌고
나와 함께 있었기 때문에 세찬 바람 불어올 때마다
너도 그 바람에 꼼짝 못하고 시달려야 했다

밤새 눈이 내리고 날이 밝아도
눈보라 그치지 않는 아침

너와 함께 눈 쌓인 언덕을 오른다
빙판 없는 길이 어디 있겠는가

사랑하며 함께 꽃잎 같은 발자국을 눈 위에 찍으며
넘어야 할 고개 앞에 서서 다시 네 손을 잡는다
쓰러지지 않으며 가는 인생이 어디 있겠는가
눈보라 진눈깨비 없는 사랑이 어디 있겠는가

저녁 무렵

열정이 식은 뒤에도
사랑해야 하는 날들은 있다
벅찬 감동 사라진 뒤에도
부둥켜안고 가야 할 사람이 있다

끓어오르던 체온을 식히며
고요히 눈감기 시작하는 저녁 하늘로
쓸쓸히 날아가는 트럼펫 소리

사라진 것들은
다시 오지 않을 것이다

그러나 풀이란 풀 다 시들고
잎이란 잎 다 진 뒤에도
떠나야 할 길이 있고

이정표 잃은 뒤에도

찾아가야 할 땅이 있다

뜨겁던 날들은 다시 오지 않겠지만

거기서부터 또 시작해야 할 사랑이 있다

단풍 드는 날

버려야 할 것이
무엇인지를 아는 순간부터
나무는 가장 아름답게 불탄다

제 삶의 이유였던 것
제 몸의 전부였던 것
아낌없이 버리기로 결심하면서
나무는 생의 절정에 선다

방하착(放下着)
제가 키워온,
그러나 이제는 무거워진
제 몸 하나씩 내려놓으면서

가장 황홀한 빛깔로
우리도 물이 드는 날

그 밤

눈물에 젖어 내 노래 가이없고
그대가 이어받는 가락에 젖어
달빛도 푸르게 녹아들던
그런 밤은 우리 생에 다시 올까

강물을 따라가다 따라가다
물줄기보다 저녁노을에 흠뻑 젖어
그대가 기댄 어깨에 내 청춘이 흠뻑 젖어
밤이 짧던 물소리 다시 흘러올까

쓰러진 이 땅에 묻고 옥에 갇힌 벗 뒤로하며
다시 또 깃발을 만들고 나팔 소리를 고르며
멈추지 말자고 차가운 손 뜨겁게 잡고
가파른 잿길을 넘던 그런 밤은 다시 올까

무심천

한세상 사는 동안
가장 버리기 힘든 것 중 하나가
욕심이라서
인연이라서
그 끈 떨쳐버릴 수 없어 괴로울 때
이 물의 끝까지 함께 따라가 보시게
흐르고 흘러 물의 끝에서
문득 노을이 앞을 막아서는 저물 무렵
그토록 괴로워하던 것의 실체를 꺼내
물 한 자락에 씻어 헹구어 볼 수 있다면
이 세상 사는 동안엔 끝내 이루어지지 않을
어긋나고 어긋나는 사랑의 매듭
다 풀어 물살에 주고
달맞이꽃 속에 서서 흔들리다 돌아보시게
돌아서는 텅 빈 가슴으로
바람 한 줄기 서늘히 다가와 몸을 감거든
어찌하여 이 물이 그토록 오랜 세월

무심히 흘러오고 흘러갔는지 알게 될지니
아무것에도 걸림이 없는 마음을
무심이라 하나니
욕심 다 버린 뒤
저녁 하늘처럼 넓어진 마음 무심이라 하나니
다 비워 고요히 깊어지는 마음을
무심이라 하나니

꽃재

옛날에는 무슨 꽃이 피었을까
여름엔 키가 훌쩍 큰 수수가 자라고
가을에는 구절초 듬성듬성 피어 있는
이 고개에는 무슨 꽃이 가득했을까
다섯 살 때 농약 먹고 죽은 엄마 이 고갤 넘어간 뒤
바람만 건듯 불면 읍내로 나가
얻어먹기도 하고 훔쳐먹기도 하면서
마을 회관 옥상에서도 자고 아파트 보일러실에서
자기도 하면서 제 자신을 팽개쳐야
바람이 잦아들던 동완이
아침저녁으로 데려오고 데려가며 삼 년을 넘던 고개
읍내에서 짜장면 배달을 한다는 웅이와
먼 도시로 가 술병을 나르기도 하고
미용 기술을 배우기도 한다는 가영이 남매
고개 넘어 사라질 때
얼굴이 노랗게 질린 채 지켜보던
은행나무 한 그루 아직도 서 있는데

조선족 새엄마 들어와 동생 둘을 낳는 동안
이 남자 저 남자 품에서 자며 자라는 열다섯 성화
제 아버지한테 잡혀와 머리를 홀랑 깎이기도 하고
죽도록 얻어맞기도 하다가 밤을 틈타 넘어간 고개
오늘은 억새풀만 하얗게 우거졌는데
옛날엔 무슨 꽃이 피어 있었을까
공장 부지로 헐려나가고 까뭉개지기 전에는
무슨 꽃이 예쁘게 피어 꽃재였을까

방학하는 날

겨울 다 지나고
내년 이월 설도 쇠고 나서야 볼 텐데
방학 동안 너희 보고 싶으면 어떻게 하니
내가 그렇게 말을 하자
아이들은 책상을 치며
깔깔대고 웃는다
보고 싶긴 뭐가 보고 싶으냐고
소리를 지르며
눈 쌓인 창 밖을 내다보며
빨리 끝내달라고 조른다
숙제와 방학생활계획표 받아 들고
서둘러 아이들이 교실을 빠져나가자마자
아이들이 보고 싶어진다
아이들과 내가 연애를 하나 보다
그런 생각이 든다
언젠가는 헤어져야 하는 건데
방학 동안 떨어져 있는 것도

이리 서운하니 그땐 어떻게

이 아이들과 헤어지나

그런 생각을 하며 창문을 닫는다

창문을 닫으면서도

아이들이 보고 싶어진다

흐트러진 책상을 바로 놓으면서

신발장에 붙은 이름표 하나씩 읽어가면서도

해인으로 가는 길

2006

산경

하루 종일 아무 말도 안 했다
산도 똑같이 아무 말을 안 했다
말없이 산 옆에 있는 게 싫지 않았다
산도 내가 있는 걸 싫어하지 않았다
하늘은 하루 종일 티 없이 맑았다
가끔 구름이 떠오고 새 날아왔지만
잠시 머물다 곧 지나가버렸다
내게 온 꽃잎과 바람도 잠시 머물다 갔다
골짜기 물에 호미를 씻는 동안
손에 묻은 흙은 저절로 씻겨내려갔다
앞산 뒷산에 큰 도움은 못 되었지만
하늘 아래 허물없이 하루가 갔다

해인으로 가는 길

화엄을 나섰으나 아직 해인에 이르지 못하였다
해인으로 가는 길에 물소리 좋아
숲 아랫길로 들었더니 나뭇잎 소리 바람 소리다
그래도 신을 벗고 바람이 나뭇잎과 쌓은
중중연기 그 질긴 업을 풀었다 맺었다 하는 소리에
발을 담그고 앉아 있다
지난 몇십 년 화엄의 마당에서 나무들과 함께
숲을 이루며 한 세월 벅차고 즐거웠으나
심신에 병이 들어 쫓기듯 해인을 찾아간다
애초에 해인에서 출발하였으니
돌아가는 길이 낯설지는 않다
해인에서 거두어주시어 풍랑이 가라앉고
경계에 걸리지 않아 무장무애하게 되면
다시 화엄의 숲으로 올 것이다
그땐 화엄과 해인이 지척일 것이다
아니 본래 화엄으로 휘몰아치기 직전이 해인이다
가라앉고 가라앉아 거기 미래의 나까지

바닷물에 다 비친 다음에야 화엄이다
그러나 아직 나는 해인에도 이르지 못하였다
지친 육신을 바랑 옆에 내려놓고
바다의 그림자가 비치는 하늘을 올려다보며 누워 있다
지금은 바닥이 다 드러난 물줄기처럼 삭막해져 있지만
언젠가 해인의 고요한 암자 곁을 흘러
화엄의 바다에 드는 날이 있으리라
그날을 생각하며 천천히 천천히 해인으로 간다

산가

어제 낮엔 양지 밭에 차나무 씨앗을 심고
오늘 밤엔 마당에 나가 별을 헤아렸다
해가 지기 전에 소나무 장작을 쪼개고
해 진 뒤 침침한 불빛 옆에서 시를 읽었다
산그늘 일찍 들고 겨울도 빨리 오는 이 골짝에
낮에도 찾는 이 없고 밤에도 산국화뿐이지만
매화나무도 나도 외롭다는 생각은 하지 않았다
매화는 매화대로 나는 나대로 그냥 고요하였다

봄의 줄탁

모과나무 꽃순이 나무껍질을 열고 나오려고 속에서 입술을 옴질옴질거리는 걸 바라보다 봄이 따뜻한 부리로 톡톡 쪼며 지나간다

봄의 줄탁

금이 간 봉오리마다 좁쌀알만 한 몸을 내미는 꽃들 앵두나무 자두나무 산벚나무 꽃들 몸을 비틀며 알에서 깨어나오는 걸 바라본다

내일은 부활절

시골 교회 낡은 자주색 지붕 위에 세워진 십자가에 저녁 햇살이 몸을 풀고 앉아 하루 종일 자기가 일한 것을 내려다보고 있다

연필 깎기

 연필을 깎는다 고요 속에서 사각사각 아침시간이 깎여나 간다 미미한 향나무 냄새 이 냄새로 시의 첫 줄을 쓰고자 했 다 삼십 년을 연필로 시를 썼다 그러나 지나온 내 생에 향나 무 냄새 나는 날 많지 않았다 아침에 한 다짐을 오후까지 지 키지 못하는 날이 많았다 문을 나설 때 단정하게 가다듬은 지조의 옷도 돌아올 땐 매무새가 흐트러져 있었다

 연필을 깎는다 끝이 닳아 뭉툭해진 신념의 심을 천천히 아주 천천히 깎는다 지키지 못할 말들을 많이 했다 중언부 언한 슬픔 실제보다 더 포장된 외로움 엄살이 많았다

 연필을 깎는다 정직하지 못하였다는 걸 안다 내가 내 삶 을 신뢰하지 못하면서 내 마음을 믿어달라고 하였다 그래서 바람이 그치지 않았는지도 모른다 모순어법에서 벗어나지 못한 내 시각 얇게 깎여져나간 시선의 껍질들을 바라보며 연필을 깎는다

기도가 되지 않는 날은 연필을 깎는다 가지런한 몇 개의 연필 앞에서 아주 고요해진 한 순간을 만나고자 연필 깎는 소리만이 가득 찬 공간 안에서 제 뼈를 깎는 소리와 같이 있고자

처음 가는 길

아무도 가지 않은 길은 없다*
다만 내가 처음 가는 길일 뿐이다
누구도 앞서 가지 않은 길은 없다
오랫동안 가지 않은 길이 있을 뿐이다
두려워 마라 두려워하였지만
많은 이들이 결국 이 길을 갔다
죽음에 이르는 길조차도
자기 전 생애를 끌고 넘은 이들이 있다
순탄하기만 한 길은 길 아니다
낯설고 절박한 세계에 닿아서 길인 것이다

---

* 베드로시안은 「그런 길은 없다」에서 "아무도 걸어가본 적이 없는 그런 길은 없다"고 한 바 있다.

밀물

모순투성이의 날들이 내게 오지 않았다면
내 삶은 심심하였으리
그물에서 빠져나오려고 몸부림치지 않았다면
내 젊은 날은 개울 옆을 지날 때처럼
밋밋하였으리 무료하였으리
갯바닥 다 드러나도록 모조리 빼앗기고 나면
안간힘 다해 당기고 끌어와
다시 출렁이게 하는 날들이 없었다면
내 영혼은 늪처럼 서서히 부패해갔으리
고마운 모순의 날들이여
싸움과 번뇌의 시간이여

구두 수선집

길모퉁이 구두 수선집 의자에
그녀는 씀바귀꽃처럼 앉아 있었다
뽀얀 얼굴에 가을볕이 내려와 앉아 있었는데
그중 한 줄기는 볼우물 그늘 속에 들어가
몸을 숨겼다
그녀가 오래 걷거나 서서 버티는 동안
그녀의 무게를 떠받치느라 발밑에서 조금씩
뭉개어진 흔적들을 바라보며 그녀는
겸연쩍은 듯 배시시 웃고 있었다
프랑스 휘장을 높이 단 대형 쇼핑몰 옥상 주차장에서
물건을 가득 사 실은 차량들이 줄지어 내려와
구두 수선집을 흘낏흘낏 쳐다보며
집으로 돌아가고 있었다
사람도 물건도 고장나기가 무섭게 버려지고
새것은 늘 대량으로 늘어서서 기다리고 있는 세상에
망가지면 다시 고쳐 신을 줄 아는 스물몇 살의 그녀
언제고 고장날 수 있는 그의 생애를

고쳐서 다시 쏠 줄 알 것 같은 그녀가
바람에 몸을 흔들면 산박하 냄새가 날아오곤 하였다

가구

아내와 나는 가구처럼 자기 자리에
놓여 있다 장롱이 그러듯이
오래 묵은 습관들을 담은 채
각자 어두워질 때까지 앉아 일을 하곤 한다
어쩌다 내가 아내의 문을 열고 들어가면
아내의 몸에서는 삐이걱 하는 소리가 난다
나는 아내의 몸속에서 무언가를 찾다가
무엇을 찾으러 왔는지 잊어버리고
돌아나온다 그러면 아내는 다시
아래위가 꼭 맞는 서랍이 되어 닫힌다
아내가 내 몸의 여닫이문을
먼저 열어보는 일은 없다
나는 늘 머쓱해진 채 아내를 건너다보다
돌아앉는 일에 익숙해져 있다
본래 가구들끼리는 말을 많이 하지 않는다
그저 아내는 아내의 방에 놓여 있고
나는 내 자리에서 내 그림자와 함께

육중하게 어두워지고 있을 뿐이다

시래기

저것은 맨 처음 어둔 땅을 뚫고 나온 잎들이다
아직 씨앗인 몸을 푸른 싹으로 바꾼 것도 저들이고
가장 바깥에 서서 흙먼지 폭우를 견디며
몸을 열 배 스무 배로 키운 것도 저들이다
더 깨끗하고 고운 잎을 만들고 지키기 위해
가장 오래 세찬 바람 맞으며 하루하루 낡아간 것도
저들이고 마침내 사람들이 고갱이만을 택하고 난 뒤
제일 먼저 버림받은 것도 저들이다
그나마 오래오래 푸르른 날들을 지켜온 저들을
기억하는 손에 의해 거두어져 겨울을 나다가
사람들의 까다로운 입맛도 바닥나고 취향도 곤궁해졌을 때
잠시 옛날을 기억하게 할 짧은 허기를 메우기 위해
서리에 젖고 눈 맞아가며 견디고 있는 마지막 저 헌신

별 하나

흐린 차창 밖으로 별 하나가 따라온다
참 오래되었다 저 별이 내 주위를 맴돈 지
돌아보면 문득 저 별이 있다
내가 별을 떠날 때가 있어도
별은 나를 떠나지 않는다
나도 누군가에게 저 별처럼 있고 싶다
상처받고 돌아오는 밤길
돌아보면 문득 거기 있는 별 하나
괜찮다고 나는 네 편이라고
이마를 씻어주는 별 하나
이만치의 거리에서 손 흔들어주는
따뜻한 눈빛으로 있고 싶다

세시에서 다섯시 사이

산벚나무 잎 한쪽이 고추잠자리보다 더 빨갛게 물들고 있다 지금 우주의 계절은 가을을 지나가고 있고, 내 인생의 시간은 오후 세시에서 다섯시 사이에 와 있다 내 생의 열두시에서 한시 사이는 치열하였으나 그 뒤편은 벌레 먹은 자국이 많았다

이미 나는 중심의 시간에서 멀어져 있지만 어두워지기 전까지 아직 몇시간이 남아 있다는 것이 고맙고, 해가 다 저물기 전 구름을 물들이는 찬란한 노을과 황홀을 한번은 허락하시리라는 생각만으로도 기쁘다

머지않아 겨울이 올 것이다 그때는 지구 북쪽 끝의 얼음이 녹아 가까운 바닷가 마을까지 얼음조각을 흘려보내는 날이 오리라 한다 그때도 숲은 내 저문 육신과 그림자를 내치지 않을 것을 믿는다 지난봄과 여름 내가 굴참나무와 다람쥐와 아이들과 제비꽃을 얼마나 좋아하였는지, 그것들을 지키기 위해 보낸 시간이 얼마나 험했는지 꽃과 나무들이 알

고 있으므로 대지가 고요한 손을 들어 증거해줄 것이다

　아직도 내게는 몇시간이 남아 있다
　지금은 세시에서 다섯시 사이

지진

우리가 세운 세상이 이렇게 쉽게 무너질 줄 몰랐다
찬장의 그릇들이 이리저리 쏠리며 비명을 지르고
전등이 불빛과 함께 휘청거릴 때도
이렇게 순식간에 지반이 무너지고
땅이 꺼질 줄 몰랐다
우리가 지은 집 우리가 세운 마을도
유리잔처럼 산산조각 났다
소중한 사람을 잃었고 폐허만이 곁에 남았다
그러나 황망함 속에서 아직 우리 몇은 살아남았다
여진이 몇차례 더 계곡과 강물을 흔들고 갔지만
먼지를 털고 일어서야 한다
사랑하는 이의 무덤에 새 풀이 돋기 전에
벽돌을 찍고 사원을 세우고 아이들을 씻겨야 한다
종을 울려 쓰러진 사람을 일으켜세우고
숲과 새와 짐승들을 안심시켜야 한다
좀 더 높은 언덕에 올라 폐허를 차분히 살피고
우리의 손으로 도시를 다시 세워야 한다

노천 물이 끓으며 보내던 경고의 소리
아래로부터 옛 성곽을 기울게 하던 미세한 진동
과거에서 배울 수 있는 건 모두 배워야 한다
지켜주지 못해서 미안하단 말은 그만하기로 하자
충격과 지진은 언제든 다시 밀려올 수 있고
우리도 전능한 인간은 아니지만
더 튼튼한 뼈대를 세워야 한다
남아 있는 폐허의 가장자리에 삽질을 해야 한다
우리가 옳다고 믿는 가치로 등을 밝히고
떨리는 손을 모두어 힘차게 못질을 해야 한다
세상은 지진으로 영원히 멈추지 않으므로

못난 꽃
박영근에게

모과꽃 진 뒤 밤새 비가 내려
꽃은 희미한 분홍으로만 남아 있다
사랑하는 이를 돌려보내고 난 뒤 감당이 안되는
막막함을 안은 채 너는 홀연히 나를 찾아왔었다
민물생선을 끓여 앞에 놓고
노동으로도 살 수 없고 시로도 살 수 없는 세상의
신산함을 짚어가는 네 이야기 한쪽의
그늘을 나는 가만히 바라보고 있었다
늘 현역으로 살아야 하는 고단함을 툭툭 뱉으며
너는 순간순간 늙어가고 있었다
허름한 식당 밖으로는 삼월인데도 함박눈이 쏟아져
몇군데 술자리를 더 돌다가
너는 기어코 꾸역꾸역 울음을 쏟아놓았다
그 밤 오래 우는 네 어깨를 말없이 안아줄 수 있어서
다행이었다
한점 혈육도 사랑도 이제 더는 지상에 남기지 않고
너 혼자 서쪽으로 걸어가고 있다는 이야기를

빗속에서 들었다
살아서 네게 술 한잔 사줄 수 있어서 다행이었다
살아서 네 적빈의 주머니에 몰래 여비 봉투 하나
찔러넣어줄 수 있어서 다행이었다
몸에 남아 있던 가난과 연민도 비우고
똥까지도 다 비우고
빗속에 혼자 돌아가고 있는
네 필생의 꽃잎을 생각했다
문학이 뭐 그리 대단한 일이라고
목숨과 맞바꾸는 못난 꽃
너 떠나고 참으로 못난 꽃 하나 지상에 남으리라
못난 꽃,

빙하기

 벌목을 하다 잠시 쉴 때면 자작나무에 등을 기댄 채 떨어진 자작나무 껍질 주워 편지를 쓰곤 했다 자작나무 껍질은 희고 얇아서 마음의 몇조각을 옮겨 적기에 알맞았다 백 년에 이백여 리씩 녹으며 후진하는 빙하가 남긴 영토를 따라 우리는 북쪽으로 올라갔다 야크와 순록과 여우가 먼저 올라갔고 늑대의 발자국을 따라 우리가 그 뒤를 따랐다

 빙하기로부터 시작한 내 어린 날의 결빙이 언제 풀릴지 그때는 짐작할 수 없었다 월세 이천 원짜리 쪽방에 기거하는 동안 연탄불이 자주 꺼졌다 손도끼로 침엽수 도막을 잘게 부수어 십구공탄에 불을 붙이는 동안 삶은 매캐했고 문짝도 없는 부엌부터 일찍 어두워졌다 내가 눕는 윗목에는 그릇의 물이 바로바로 얼었고 내 몸도 밤새 달그락거렸다

 추운 지방에 사는 사람들이 늘 그렇듯 나는 말이 없었다 한마을에 사는 친구와도 졸업 때까지 두세 마디 짧은 말밖에 주고받지 않았다 말을 할 때도 눈을 내리깔거나 시선을 피하

는 것은 영하의 숲에 사는 이들의 특징이기도 했다 그러나 추위는 사람을 느리지만 끈질기게 만드는 힘이 있었다

  흑야는 길었고 일찍 진 해는 늦게 떠올랐다 수렵을 그만둔 아버지도 정착할 곳을 정하지 못한 나도 각각 우울하였다 보드카는 추위를 이기기에 좋았다 고독한 늑대 한 마리 멀리서 측은하게 나를 바라볼 때도 있었다 그때 고독한 것들에게 보낸 자작나무 엽서는 어느 숲과 바람 속을 떠돌고 있을까 생각하는 저녁이면 어둠과 칼바람이 친구처럼 찾아와 오래 곁에 머물곤 했다

히브리 노예들의 합창을 들으며

 히브리 노예들의 합창을 듣고 있으면 가슴 기슭으로 물결이 밀려오는 게 느껴진다 삼십 년 전의 젊은 물결이 강을 때리고 사막의 나날도 노예의 시간도 받아들이자던 이들 향해 물방울처럼 튀어오르는 목소리를 던지던 젊은 그를 본다 바다를 건너자고 돌아가자고 젖은 근육을 밀고 나오던 푸른 핏줄 같은 그의 목청

 여기까지 오는 동안 먼저 쓰러져 끝내 일어나지 못한 벗들이 떠오르고 자유까지는, 잃어버린 그 땅까지는 아직 멀었다는 생각 탑은 무너지고 상처를 추스르지 못하는 이들은 늘어나고 젊은 벗들은 더 나아가기를 주저하는데 피보다 붉던 줄장미는 시들고 감동 없는 예언들은 범람하고 우기는 몰려오리라 하는데

 나뭇잎 물고 돌아오리라던 새는 구름에 가려 보이지 않는다 기다리던 날은 오지 않았을까 놓쳐버린 시간 새처럼 날아가버린 꿈이 더 가슴 아프다 돌아선 꽃들은 얼마나 많았

던가 생매장당한 육축들의 썩은 몸이 무리지어 떠내려오는 건 아닌지 황토빛 울음을 게워내던 강이 스스로 몸을 버리는 날이 오고 있는 건 아닌지 두려워지면서 나는 합창의 볼륨을 높인다

다시 그 땅을 만날 수 있을까 신호처럼 배 몇 척을 보내놓고 기다리고 계실까 우리의 합창이 강 건너 기슭에 닿을 수 있을까 비탈과 언덕에서 날개를 접을 수 있을까 날아라 노래여 물결이 멈추지 않아 우리도 멈출 수 없다 출렁이는 합창 아프고 쓰라리고 높고 장엄한 그 노래를

젖

지진으로 도시 전체가 무너진 쓰촨성의 한 마을
돌더미 밑에서 갓난아이 하나를 구해냈지요
누구네 집 아이인지 부모 중 누구라도 살아남았는지
그런 걸 먼저 확인해야 하는
긴 절차를 향해 아이를 안고 달려가다
그녀는 벽돌과 시멘트 더미 위에 앉아서
재가 뽀얗게 내려앉은
제복 윗옷 단추를 하나하나 끌렀지요
천막 사이를 돌며 의사를 찾거나
물 가진 사람 없어요 소리치기 전에
그녀는 젖을 꺼내 아이에게 물렸지요
놀람과 두려움과 굶주림으로 컥컥 막히는 식도
억눌린 어린 뼈와 상처 사이를 비집고 나오다
끊어지곤 하는 울음을 무엇으로 달래야 하는지
그녀는 더 생각하지 않았지요
먼지 묻은 땀방울인지 눈물인지
젖을 빠는 아이의 이마에 똑똑 떨어졌지요

가슴을 다 내놓고 폐허 위에 앉아
그녀가 아이에게 젖을 먹이는 동안
여진도 요동을 멈추고
우주도 숨을 쉬지 않은 채 잠시 그대로 있었지요
아직 살아 있는 모든 아이의 어머니인 그녀

쏭바*

건기인데도 강물은 도도히 흐르고 있었다
아버지와 어린 아들이 소 여러 마리를
강으로 끌고 들어가 몸을 씻기고 있었다
가슴까지 차는 물속에서 짙은 고동색 몸을 씻으며
물을 치받는 쇠등 위로 알몸의 아이가
올라탔다 미끄러지며 깔깔대는 소리가
강 햇살과 함께 반짝이며 떠내려왔다
수십 년 전쟁을 통해 얻은 작은 평화의 한때를
사람과 짐승이 함께 누리고 있었다
그러나 해방은 완성이 아니고
승리는 거대한 난관의 또다른 시작일 뿐임을
강물은 알고 있었을 것이다
어떤 투쟁이든 값진 것은 과정일 뿐
목숨을 걸었던 전사들은 한산하게 흔들리는
즈아나무 밑에서 강물을 바라보며 담뱃불을 붙일 뿐
물에서 나온 소들이 뿔싸움을 하며
장난치는 모습을 빙긋이 웃으며 바라볼 뿐

목장은 자본을 아는 이들의 손에 쥐어져 있었다
값진 것은 전선에 있던 시절이었다고
피 흘리며 싸우던 날들이었다고
이제는 친구가 된 강물이 말하는 소리를 들으면서

---

* 베트남 중부 뚜이호아 시 한복판을 흐르는 강.

노 모어 후쿠시마
츠시마 유우코*에게

하루 종일 창문이 덜컹대더니 저녁에는 진눈깨비 내렸다 갓 피어난 산수유꽃이 젖은 눈에 다시 얼겠다 편서풍이 일본 쪽으로 부니 안심해도 된다는 일기예보를 눌러 끈다

노 모어 후쿠시마 당신은 악몽이라고 했다 나쁜 꿈은 괴로운 현실로 이어지고 두려움은 분노로 바뀌었다고 했다 도시를 떠나는 사람들 행렬과 남겨진 난파를 보면서 당신은 노 모어 후쿠시마 뒤에 마침표를 찍었다 소방대원을 이끌고 있는 다카야마 유키오 대장은 가장 어려운 건 어디에 위험이 있는지 알 수 없는 것이라 했다

물을 마실 수 없고 시금치도 해산물도 먹을 수 없게 된 도시들을 바라보며 당신은 얼마나 절망하고 있을까 한 젊은 어머니는 자기가 마신 방사능이 아이에게 젖으로 흘러들어갈까 두렵다고 말했다 우리는 끓고 있는 활단층 대지 위에 원폭의 터빈을 돌리고 있었던 것이다 누더기가 된 채 스리마일과 체르노빌 경계에 서 있는 저것은 언제든지 폐허로

바뀔 수 있는 문명의 얼굴 피폭당한 인간의 오만함이다

조용하고 선량한 눈으로 책상 너머를 가만히 지켜보곤 하던 당신이 슬픔과 분노의 노심이 융해된 목소리로 원전폐지 운동을 시작해달라고 말하는 걸 들으며 흐린 하늘을 올려다본다 몸을 수직으로 일으켜세운 채 달려오던 분노의 쓰나미가 잦아들고 자만의 날들이 겸손함으로 돌아선 뒤 다시 봄볕이 찾아오면 봄햇살 긴 줄기가 당신의 정원에 오래 머물러 있기를 바란다 기울어진 석등을 다시 일으켜세우고 지난해 당신이 심은 고산식물에도 봄꽃이 피길 기원한다 노 모어 후쿠시마

---

* 일본의 소설가

악보

상가 꼭대기에서 아파트 쪽으로 이어진
여러 줄의 전선 끝에
반달이 쉼표처럼 걸려 있다
꽁지가 긴 새들과 초저녁별 두어 개도
새초롬하게 전깃줄 위에 앉아 있다
돌아오는 이들을 위해
하늘에다 마련한 한 소절의 악보
손가락 길게 저어 흔들면 쪼르르 몰려나와
익숙한 가락을 몇번이고 되풀이할 것 같은
노래 한 도막을 누가
어두워지는 하늘에 걸어놓았을까
이제 그만 일터의 문을 나와
한 사람의 여자로 돌아오라고
누군가의 아빠로 돌아오라고
새들이 꽁지를 까닥거리며
음표를 건너가고 있다

은은함에 대하여

은은하다는 말 속에는 아련한 향기가 스미어 있다
은은하다는 말 속에는 살구꽃 위에 내린
맑고 환한 빛이 들어 있다
강물도 저녁햇살을 안고 천천히 내려갈 땐
은은하게 몸을 움직인다
달빛도 벌레를 재워주는 나뭇잎 위를 건너갈 땐
은은한 걸음으로 간다
은은한 것들 아래서는 짐승도 순한 얼굴로 돌아온다
봄에 피는 꽃 중에는 은은한 꽃들이 많다
은은함이 강물이 되어 흘러가는 꽃길을 따라
우리의 남은 생도 그런 빛깔로 흘러갈 수 있다면
사랑하는 이의 손 잡고 은은하게 물들어갈 수 있다면

해설

'고두미 마을'에서 '별 하나'에 이르는 단호하고도 정결한 '길'
—도종환 시력 30년

유성호 문학평론가

1. '사랑'과 '연민'과 '반성'이라는 이름의 도종환

1980년대 이후 한국 시를 웬만큼 읽어온 이들에게 도종환은, 참으로 친숙한 이름 가운데 하나일 것이다. 그는 저 유명한 베스트셀러 『접시꽃 당신』으로 뚜렷하게 독자들 뇌리에 각인되었고, 전국교직원노동조합 초창기에 교육 운동에 헌신하면서 해직되고 투옥된 바 있으며, 1998년 해직 10년 만에 복직하여 시골 아이들을 가르쳐온 교사 시인으로서의 이력을 가지고 있다. 그러는 사이 그의 시편은 한 시대의 저항적 문맥을 넘어 가장 보편적인 생의 이법을 잔잔하고도 투명하게 들려주는 애송 시편으로 승화되어, 각급 학교 교과서에서 어렵지 않게 발견할 수 있게 되었다. 하지만 이러한 다양한 이미지들은, 외연을 달리한 한 가지 힘에서 나온 것이라고 할 수 있다. 그 힘이란, 대상을 향한 그 특유의 '사랑'과 '연민' 그리고 자신의 삶에 대한 끊임없는 '반성'에서 발원하는 것일 터이다. 많은 사람들이 아는 일이지만, 도종환을 여느 시인과 뚜렷이 구별해주는 가장 결정적인 요소는, 바로 이러한 사랑과 연민 그리고 스스로를 향한 반성적 의지가 아니겠는가?

자연스럽게 도종환의 시는, 모든 존재자들의 슬픔에 대한 지극한 사랑과 연민의 마음에 의해 구축된다. 30년 전 저 가파르고 고단한 우리 역사와 현실을 비판적으로 사유하고 단호한 저항적 목소리를 내던 시인이, 차츰 그 단정하고 반듯한 계몽적 어법을 벗어나, 고요한 자기 관조와 영성의 깊이를 보여주는 세계로 건너온다. 그 자기 성숙과 진화의 과정을 통해 도종환은 비로소 자신의 가장 깊은 시의 수심(水深)으로 내려갈 수 있었던 것이다. 이 글에서는 이러한 그의 시력(詩歷) 30년을 통시적으로 조감하면서 그 궤적을 천천히 그려보려고 한다.

2. 이 땅의 인간다운 삶을 위해 함께 일하는 사람

도종환의 초기 시세계를 상징하는 공간은, 첫 시집 제목이기도 한 '고두미 마을'이다. 단재 선생의 사당이 있는 이곳에서, 시인은 자신의 첫 발화를 가장 견결하고 정결한 역사의식으로 채워간다.『분단시대』 동인 시절 발표되었던 이 표제 시편은, 그 점에서 도종환의 시적 출발점을 핵심적으로 집약하는 첨예한 실례가 된다.

    이 땅의 삼월 고두미 마을에 눈이 내린다.
    오동나무함에 들려 국경선을 넘어오던

한줌의 유골 같은 푸스스한 눈발이
동력골을 넘어 이곳에 내려온다.
(중략)
서가에는 책이 쌓여 가난 걱정 없었는데
뉘 알았으랴 쪽발이 발에 채이기 싫어
내 자란 집 구들장 밑 오그려 누워 지냈더니
오십 년 지난 물소리 비켜 돌아갈 줄을.
눈녹이물에 뿌리 적신 진달래 창꽃들이
앞산에 붉게 돋아 이 나라 내려볼 때
이 땅에 누가 남아 내 살 네 살 썩 비어
고우나 고운 핏덩이가 줄줄줄 흘리련가.
이 땅의 삼월 고두미 마을에 눈은 내리는데.

「고두미 마을에서 - 丹齋 申采浩 先生 사당을 다녀오며」 부분

(『고두미 마을에서』, 1985)

이 시편에서는 식민지 시대의 민족주의자였던 단재 선생을 흠모하면서, 그분의 기개와 정신이 사라져버린 한 시대의 초상을 그리고 있다. 눈 내리는 3월의 '고두미 마을'에는 외세의 억압에 찢긴 상처가 남아 있는데, 시인은 "고우나 고운 핏덩이가 줄줄줄" 흐르면서 단재 선생의 정신이 그러한 상처를 넘어 이어지기를 희원한다. 더불어 이 시집에는 "죽은 아기를 낳던"(「진눈깨비」) 누이나 "전사통보 받아 든 언청이 정례 누나"(「분꽃」), 그리고 "흑인 혼혈아 여가수"(「흑인 혼혈아 여가수에게」)나 "조센 데이신타이"(「조센 데이신타이[朝鮮挺身隊]」) 같은 "갈라진 땅 약소민족"(「첫돌」)의 아들딸들이 줄곧 시적 캐릭터로 등장한

다. 도종환 초기 시편이 가난하고 소외된 이들, 혹은 역사 속에서 무너져갔던 이들을 향하고 있음을 뚜렷이 드러내는 사례들이라 할 것이다. 이러한 첫 시집의 건결하고 단호한 정신세계는, 두 번째 시집에 이르러 의외로운 분기점을 맞게 되는데, 그것은 먼저 떠난 아내를 향한 절절한 망부가로서의 '사랑의 시학'으로 나타나게 된다.

> 견우직녀도 이 날만은 만나게 하는 칠석날
> 나는 당신을 땅에 묻고 돌아오네
> 안개꽃 몇 송이 함께 묻고 돌아오네
> 살아평생 당신께 옷 한 벌 못 해주고
> 당신 죽어 처음으로 베옷 한 벌 해 입혔네
> 당신 손수 베틀로 짠 옷가지 몇 벌 이웃께 나눠주고
> 옥수수밭 옆에 당신을 묻고 돌아오네
> 은하 건너 구름 건너 한 해 한 번 만나게 하는 이 밤
> 은핫물 동쪽 서쪽 그 멀고 먼 거리가
> 하늘과 땅의 거리인 걸 알게 하네
> 당신 나중 흙이 되고 내가 훗날 바람 되어
> 다시 만나지는 길임을 알게 하네
> 내 남아 밭 갈고 씨 뿌리고 땀 흘리며 살아야
> 한 해 한 번 당신 만나는 길임을 알게 하네
> _「옥수수밭 옆에 당신을 묻고」 전문(『접시꽃 당신』, 1986)

도종환은 1980년대를 대표하는 이 베스트셀러 시집에서 "저무는 하늘 낮달처럼 내게 와 머물다 소리 없이 돌아가는/사랑하는 사람"

(「오월 편지」)을 애타게 불러본다. 여기 펼쳐진 "어둠이 다하고 새로운 새벽이 오는 순간까지/나는 당신의 손을 잡고 당신 곁에 영원히"(「접시꽃 당신」) 있을 것이라는 항구적 동반자로서의 다짐이, 그로 하여금 평생 '사랑'의 시인이 되게끔 해주었을 것이다. 사랑하는 아내를 땅에 묻고 돌아오면서 "살아평생 당신께 옷 한 벌 못 해주고/당신 죽어 처음으로 베옷 한 벌 해 입혔네" 같은 기억할 만한 구절을 남긴 그는, 스스로 "나도 당신을 사랑한 만큼/시를 쓰게 되리라"(「우산」)고 말한 것처럼, 우리 시대를 대표하는 서정 시인으로 자라갈 수 있었던 것이다. 『접시꽃 당신』의 속편으로 나온 다음 시집에서 그는 이러한 아내와의 이별을 상징적으로 완성하면서, 자신이 속한 학교 현장의 여러 모순과 싸우는 교육 운동에 헌신하게 된다. 이러한 이별과 투신의 양면성이 담긴 시집이 바로 『내가 사랑하는 당신은』이다.

> 나는 또 너희들 곁을 떠나는구나
> 기약할 수 없는 약속만을 남기고
> 강물이 가다가 만나고 헤어지는 산처럼
> 무더기 무더기 멈추어 선 너희들을 두고
> 나는 또 너희들 곁을 떠나는구나
> 비바람 속에서도 다시 피던 봉숭아잎이 안개비에 젖고
> 뒤뜰에 열지어 선 해바라기들도 모두 고개를 꺾었구나
> 세월의 한 구비가 이렇게 파도칠 때마다
> 다 못 나눈 정만 흥건히 담아둔 채 어린 너희들의 가슴에 잔물지는 아픔을 심는구나
> 나는 다만 너희들과 같은 아이들 곁으로

해야 할 또 다른 일을 찾아 떠나는 것이라고 달래도
마른버짐이 핀 얼굴을 들지 못하고 어깨를 들먹이며
아직도 다하지 못한 나의 말을 자꾸 멈추게 하는구나
우리 꼭 다시 만나자
이 짧은 세상에 영원히 같이 사는 사람은 없지만
너희들이 자라고 내가 늙어서라도 고맙게 자란 너희들의 손을 기쁨으로 잡으며
이 땅의 인간다운 삶을 위해 함께 일하는 사람으로
하나 되어 꼭 다시 만나자.
― 「지금 비록 너희 곁을 떠나지만」 전문(『내가 사랑하는 당신은』, 1988)

"진실로 한 사람을 사랑할 수 있는 동안은 행복"(「어떤 편지」)해했던 시인은, 이제 "기약할 수 없는 약속만을 남기고" 사랑하는 제자들을 떠난다. '강물'과 '산'과 '봉숭아잎'과 '해바라기'들도 모두 그 이별에 동참한다. 스승은 "어린 너희들의 가슴에 잔물지는 아픔"을 잊지 못하지만, "사랑이란 이렇게 깊은 받아들임"(「겨울은 끝나지 않았지만」)이기에, "나는 다만 너희들과 같은 아이들 곁으로/해야 할 또 다른 일을 찾아 떠나는 것"이라고 스스로를 달래본다. 그러나 "얼굴을 들지 못하고 어깨를 들먹이며/아직도 다하지 못한 나의 말을 자꾸 멈추게 하는" 제자들의 착하고 아름다운 마음이 자신의 발을 붙드는 순간, 시인은 "이 짧은 세상"에서 다시 만나 "이 땅의 인간다운 삶을 위해 함께 일하는 사람"이 되자는 다짐을 남긴다. 여기서 "이 땅의 인간다운 삶을 위해 함께 일하는 사람"이라는 존재 형식이야말로, 초기 도종환 시편의 핵심 캐릭터이자, 도종환 스스로가 견지했던 존재론적 초상이기도 할 것이

다. 이처럼 그의 초기 시편은 1980년대 민중적 서정시의 자양을 충실하게 섭렵하면서도, 그 특유의 진정성 어린 '사랑'의 시학을 완미하게 구현했다고 할 수 있을 것이다.

3. 근원적이고 심미적인 형상으로의 진화

이러한 교육 운동의 열정과 상처 그리고 그 의미를 노래하는 음역(音域)은 네 번째 시집 『지금 비록 너희 곁을 떠나지만』(1989)에서 전면화한다. "이 세상의 가장 낮은 곳에 쓰러져 있어도/빛나고 높은 그곳을 향해/우리는 이 길을 곧게 갑니다."(「정 선생님, 그리고 보고 싶은 여러 선생님께」)라는 고백이나, "다만 너희를 감옥에 보내지 않는 학교를 만들기 위해/남은 날들을 바치리라"(「잘 가라, 준아」) 같은 다짐은 그 시절 도종환의 육체 속에 깃들였던 정직한 육성이요, 그 스스로를 보듬어 세워주던 내적 에너지였을 것이다. 그리고 나서 도종환은, '역사'와 '사랑'과 '교육'이라는 초기시의 트라이앵글을 묶어서, 좀 더 근원적이고 심미적인 이미지를 통한 삶의 이법과 원리를 노래해간다. 그의 대표 시편 가운데 하나인 다음 작품은, 그러한 통합적 성찰 위에서 피어난 도종환 시학의 한 정화(精華)라고 할 수 있을 것이다.

저것은 벽
어쩔 수 없는 벽이라고 우리가 느낄 때
그때
담쟁이는 말없이 그 벽을 오른다

물 한 방울 없고 씨앗 한 톨 살아남을 수 없는
저것은 절망의 벽이라고 말할 때
담쟁이는 서두르지 않고 앞으로 나아간다
한 뼘이라도 꼭 여럿이 함께 손을 잡고 올라간다
푸르게 절망을 다 덮을 때까지
바로 그 절망을 잡고 놓지 않는다
저것은 넘을 수 없는 벽이라고 고개를 떨구고 있을 때
담쟁이잎 하나는 담쟁이잎 수천 개를 이끌고
결국 그 벽을 넘는다.

_「담쟁이」 전문(『당신은 누구십니까』, 1993)

"어쩔 수 없는 벽"과 그 '벽'을 말없이 올라 결국 넘어가는 "담쟁이"의 대위법은, 그 자체로 억압과 저항, 현실과 꿈, 절멸과 생성의 대결구도를 암시한다. "절망의 벽"을 향해 나아가면서도 "꼭 여럿이 함께 손을 잡고 올라"가는 담쟁이의 생태는, '우리'라는 집단적 주체를 상징하면서, 역사가 결국 여럿이 함께 나아가는 실체적 이야기임을 알려준다. "푸르게 절망을 다 덮을 때까지/바로 그 절망을 잡고 놓지 않는" 담쟁이의 모습에서 우리는 좌절과 소멸을 모르고 "결국 그 벽을 넘는" 시대정신을 생각하게 되는 것이다.

도종환은 이 시집에서 "부칠 곳 없는 편지 별에다"(「별에 쓰는 편지」) 쓴다고 하면서, '담쟁이'나 '별'의 상징을 통해 현실의 억압을 넘어서는 근원적인 꿈의 형상을 그리고 있다. 그리고 여섯 번째 시집 『사람의 마을에 꽃이 진다』(1994)에서는 "사람과 사람끼리 만나고 헤어지는 일들도/빗발과 꽃나무들 만나고 헤어지는 일과"(「꽃잎 인연」) 같다는 인연의 소중함과, "아름다운 세상 아, 형벌 같은 아름다운 세상"(「단식」)에 대한 굳은 신뢰를 아름답게 펼쳐낸다. "흔들리지 않고 가는 사랑이 어디 있으랴"(「흔들리며 피는 꽃」) 같은 절창이 실려 있는 이 시집은, 그 점에서 『당신은 누구십니까』의 충실한 연장선상에 있다고 할 수 있다. 그러다가 도종환은, 지금도 그의 성정을 고스란히 드러내고 있는, '부드러운 직선'이라는 상징적이고 역설적인 화두를 찾아내기에 이른다.

> 높은 구름이 지나가는 쪽빛 하늘 아래
> 사뿐히 추켜세운 추녀를 보라 한다
> 뒷산의 너그러운 능선과 조화를 이룬
> 지붕의 부드러운 선을 보라 한다
> 어깨를 두드리며 그는 내게
> 이제 다시 부드러워지라 한다
> 몇 발짝 물러서서 흐르듯 이어지는 처마를 보며
> 나도 웃음으로 답하며 고개를 끄덕인다
> 그러나 저 유려한 곡선의 집 한 채가
> 곧게 다듬은 나무들로 이루어진 것을 본다
> 휘어지지 않는 정신들이
> 있어야 할 곳마다 자리잡아
> 지붕을 받치고 있는 걸 본다
> 사철 푸른 홍송숲에 묻혀 모나지 않게
> 담백하게 뒷산 품에 들어 있는 절집이
> 굽은 나무로 지어져 있지 않음을 본다
> 한 생애를 곧게 산 나무의 직선이 모여

가장 부드러운 자태로 앉아 있는

「부드러운 직선」 전문(『부드러운 직선』, 1998)

일곱 번째 시집 표제작인 이 시편에서 시인은 "쪽빛 하늘 아래/사뿐히 추켜세운 추녀"의 형상을 통해 '부드러운 직선'을 상상한다. "뒷산의 너그러운 능선과 조화를 이룬/지붕의 부드러운 선"은 시인에게 "유려한 곡선"으로서의 한없는 부드러움과 "휘어지지 않는 정신"을 동시에 요청한다. "한 생애를 곧게 산 나무의 직선이 모여/가장 부드러운 자태로 앉아 있는" 모습이야말로 시인에게 '곧은 곡선'이 범례를 보여주는 것이 아닌가. 시인은 이렇게 견고한 자세를 잃지 않으면서도 타자들에게는 한없이 부드러운 친화력을 가질 것을 요청받는 것이다. 그래서 '부드러운 직선'과 '곧은 곡선'은 고스란히 의미론적 등가를 이룬다.

이러한 '부드러운 직선'으로서의 삶은, 도종환으로 하여금 "더욱 말없이 더욱 진지하게 낮은 곳을 찾아"(「민들레 뿌리」) 나서게 하고, "오늘 또 가지 않을 수 없던 길"(「가지 않을 수 없던 길」)을 끝내 걷게 했던 원질이었을 것이다. 그러한 견고한 삶의 자세를 노래하던 시인은 이어지는 시집 『슬픔의 뿌리』(2002)에서 "버려야 할 것이/무엇인지를 아는 순간부터/나무는 가장 아름답게 불"(「단풍 드는 날」)탄다는 역리(逆理)에 이르고, "뜨겁던 날들은 다시 오지 않겠지만/거기서부터 또 시작해야 할 사랑"(「저녁 무렵」)을 함께 노래한다. 그럼으로써 자신의 삶이 어떠한 태도와 신념에서 가능한 것인지를 사유하는 품을 넉넉하게 보여주게 된다.

이처럼 도종환 중기 시편은, 벽을 함께 넘어서는 담쟁이, 부드러운 직선, 모든 것을 버려야 가장 아름다워지는 삶 등을 사유함으로써, 초기 시편이 보여주었던 구체적 현실과 역사를 넘어, 가장 근원적이고 심미적인 형상을 풍요롭게 일구었다고 할 수 있다.

4. 삶에 대한 가장 근본주의적인 성찰로서의 '시'

역사와 현실에서 발원하여, 태도와 신념의 세계로 이월했던 도종환 시편은 후기에 이르러 삶에 대한 가장 근본주의적인 성찰로 접어들게 된다. 그가 아홉 번째 시집 『해인으로 가는 길』에 실린 산문을 통해 "시간이 흐르면서 나는 그분이 나의 수발을 들어주기 위해 있는 것이 아니라 내가 그분을 위해 있어야 한다는 걸 알게 되었습니다. 구약에 나오는 욥의 말처럼 '주셨던 분도 그분이요 도로 가져가시는 분도 그분'이시라면 나를 세우시고 쓰러뜨리시는 분 역시 그분이신 걸 알고는 그분께 다 맡기기로 하였습니다. 내가 무엇을 하는 것이 아니라 그분이 하시는 것임을 믿고 맡기기로 하였습니다."(「산방에서 보내는 편지」)라고 고백하는 순간, 우리는 그가 가톨릭 신자로서의 신앙적 자아를 견고하게 붙잡고 있음은 물론, 여전히 고통과 어둠의 생에서 깊은 영성의 세계를 탐구해갈 것임을 예감하게 된다. 이때 도종환은 여전히 미완일 수밖에 없는 자신의 시와 삶을 이끌고 '해인'으로 걸어간다.

하루 종일 아무 말도 안 했다
산도 똑같이 아무 말을 안 했다
말없이 산 옆에 있는 게 싫지 않았다

산도 내가 있는 걸 싫어하지 않았다

하늘은 하루 종일 티 없이 맑았다

가끔 구름이 떠오고 새 날아왔지만

잠시 머물다 곧 지나가버렸다

내게 온 꽃잎과 바람도 잠시 머물다 갔다

골짜기 물에 호미를 씻는 동안

손에 묻은 흙은 저절로 씻겨내려갔다

앞산 뒷산에 큰 도움은 못 되었지만

하늘 아래 허물없이 하루가 갔다

　　　　　　　　　_「산경」전문(『해인으로 가는 길』, 2006)

　시인도 산도 "하루 종일 아무 말"을 않는다. 하지만 그들은 철저하게 상호의존성으로 공존한다. 그렇게 무심한 시간이 흐르는 산방에서 시인은 "골짜기 물에 호미를 씻는 동안/손에 묻은 흙은 저절로 씻겨내려갔다"라고 노래한다. 그때 마치 손에 묻은 흙이 씻겨지듯 시인의 영성을 억압하고 있던 온갖 생의 욕망들도 사라진다. 이 "허물없이 하루가" 지나가는 시간은, 스스로 작고 조용해져야 한다는 생각이 스스럼없이 자기표현을 얻는 순간이 된다. 더불어 「산가」라는 작품에서는 하루 종일 고요 속에서 씨앗을 심고 별을 헤아리는 장면이 나온다. 시인은 산방에서 하루 종일 장작을 패고 시를 읽는다. 그야말로 '단순한 삶(simple life)'의 연속이다. 하지만 그 안에도 분명한 축적이 있었으니, 그것이 바로 '고요'다. 아닌 게 아니라 매화는 매화대로 시인은 시인대로 각자 '고요'의 분량을 쌓고 있는 이 시편은, 그의 철학적 발견에 즉한 결과가 아닐 수 없다.

이처럼 그의 시편들에서 자연 사물들은 전근대적 완상(玩賞)의 대상이나 절대선(絶對善)으로서의 윤리적 전거가 아니라, 늘 살아서 움직이고 함께 하고 시인의 시적 해석을 기다리는 '상징의 숲'이 되고 있다. 그 '상징의 숲'에서 시인은 새삼 새로운 '길'을 걷고 있는데, 시인은 그것을 '해인으로 가는 길'이라 명명했거니와, 그것이 비록 "순탄하기만 한 길"(「처음 가는 길」)은 아니겠지만, "서리에 젖고 눈 맞아가며 견디고 있는 마지막 저 헌신"(「시래기」)을 가능케 한 '길'이 되어준 것이다. 이처럼 도종환은 '해인'의 역리를 탐구하고 실천하는 모습을 통해, 열 번째 시집에서 등장하는 가장 아름다운 '별 하나'의 심상에 가 닿게 된다.

> 흐린 차창 밖으로 별 하나가 따라온다
> 참 오래되었다 저 별이 내 주위를 맴돈 지
> 돌아보면 문득 저 별이 있다
> 내가 별을 떠날 때가 있어도
> 별은 나를 떠나지 않는다
> 나도 누군가에게 저 별처럼 있고 싶다
> 상처받고 돌아오는 밤길
> 돌아보면 문득 거기 있는 별 하나
> 괜찮다고 나는 네 편이라고
> 이마를 씻어주는 별 하나
> 이만치의 거리에서 손 흔들어주는
> 따뜻한 눈빛으로 있고 싶다
> 　　　　　　　　―「별 하나」 전문(『세시에서 다섯시 사이』, 2011)

시인은 흐린 차창 밖으로 따라오는 '별 하나'를 오랜만에 바라보면서, "내가 별을 떠날 때가 있어도/별은 나를 떠나지" 않는다는 사실을 믿어 의심치 않는다. 그러한 가치의 결정(結晶)처럼 빛나는 '별 하나'는, "나도 누군가에게 저 별처럼 있고 싶다"는 자신의 투사(投射)를 가능케 하는 상징적 매질이 된다. 그렇게 시인은 지친 이들의 "이마를 씻어주는 별 하나"처럼 손을 흔들어주고 따뜻하게 살아갈 자신의 모습을 예감하는 것이다. 이 시편은 도종환 시학의 미래를 예감케 하기에 족한 심상을 보여주는 작품이라 할 것인데, 그것은 도종환이 가장 아름답고 고운 이들의 "이마를 씻어주는 별 하나"처럼 살아왔기 때문이다. 이때 우리는 그가 부르는 "아프고 쓰라리고 높고 장엄한 그 노래"(「히브리 노예들의 합창을 들으며」)를 통해, "은은함이 강물이 되어 흘러가는 꽃길을 따라"(「은은함에 대하여」) 살아온 그와 함께 한 시대를 살아왔던 것에 경이와 경의를 동시에 느끼게 된다.

5. 다음의 '도종환'을 위하여

최근 도종환 시인이 현실 정치에 입문한 사실은 그 자체로 우리 문단의 최대 화제가 되었다. 시인 도종환을 아껴 그것을 안타까워하는 이들도 있었고, 그동안 그가 지향해온 가치나 신념이 현실 정치 안에서 이루어지기를 간절히 바라는 이들도 있었다. 하지만 우리는 도종환에 대한 오랜 신뢰와 흠모와 동질감으로, 그의 '시'와 '정치'가 한 몸으로 결속할 것을 믿는다. 물론 우리는 첫 시집으로부터 최근에 이르는 30년의 시간이, 그의 시와 삶 양쪽에 커다란 성취를 안겨준 게 아니냐고 짐작할 수도 있다. 하지만 그 시간들은 도종환 스스로에게는 너무도 힘든 고난의 나날이었다고 할 수 있다. 웬만한 영혼이라면 하나라도 버거운 것들 곧 혹독한 가난과 힘겨운 자립, 너무도 이른 아내의 죽음, 험난했던 교육 운동과 구속, 복직과 지역 운동, 시민운동 등으로 점철된 시간들을 그야말로 온몸으로 통과해왔으니 말이다.

우리는 이러한 그의 단호하고도 정결한 생애를 통해, 그가 우리 시대에 결핍되어가는 어떤 근본적이고 심원한 가치를 지향해왔음을 알게 된다. 그가 자신의 글에서 인용하곤 하는 게바라의 "우리 모두 리얼리스트가 되자. 그러나 우리의 가슴 속에 불가능한 꿈을 가지자"라는 말이나, 네루다의 "리얼리스트가 아닌 시인은 죽은 시인이다. 리얼리스트에 불과한 시인 또한 죽은 시인이다"라는 말은, 그 스스로에 의해 끊임없이 지향되고 구현되어온 정언들이 아닐까 한다. 이제 우리는, '고두미 마을'에서 '별 하나'에 이르는 단호하고도 정결한 '길'을 걸어온 도종환이, 그의 존재론적 원천이자 궁극인 '시인'으로서의 삶을 더없이 아름답게 일구어가기를 소망해본다. 그리고 그 '시'의 마음으로 현실 정치의 질곡을 하나하나 헤쳐가길 마음 모아 소망해본다. 그때 우리는 다음의 '도종환'이 더욱 큰 시인으로 우뚝 설 것을 예감하게 된다.

끝으로, 이번 시선집은 도종환 시인의 갑년(甲年)과 등단 30년을 맞아, 네 사람의 후배가, 그동안 시인이 펴낸 10권의 시집에서 각각 10편 내외를 뽑아 99편으로 완성하였다는 점을 밝힌다. 굳이 100편을 채우지 않은 것은, 시인이 마지막 한 편을 더하여 자신의 시적 생애를 채워주실 것을 바랐기 때문이다.

시인의 말

시는 내 운명

　맑은 가을 햇살 속에 앉아 있습니다. 가을 햇살 속에 앉아서 햇살이 하시는 일을 바라봅니다. 들판으로 내려가 낟알 하나하나를 금빛으로 칠하고, 아직 덜 여문 대추의 얼굴 한쪽을 조금 붉게 칠하고 잠시 물봉선 꽃술로 들어가 쉬시는 걸 봅니다. 내 시가 가을 햇살 같으면 얼마나 좋을까 하는 생각을 합니다. 너무 뜨겁지 않고, 너무 냉랭하지도 않고 그저 가을 햇살만큼만 맑고 다사로울 수 있으면 얼마나 좋을까 하는 생각을 합니다.

　지난 삼십 년 내게 시는 별 같은 것이었습니다. 문득 돌아보면 거기 있는 별 하나. 한낮에 사람들 사이에 섞여 있을 때는 보이지 않다가 어두워지면 천천히 돋아나는 별. 나는 너를 떠나지 않을 테니 너도 나를 떠나지 말라고, 돌아오는 밤길이면 나를 따라오는 별 하나. 쓸쓸해지면 보이는 별. 바람이 불어도 꺼지지 않고, 빗줄기가 몰아쳐도 그 비가 지나가면 다시 거기 있는 별. 그 별처럼 시는 내 머리 위에 있었습니다.

내게 시는 바다 유리 같은 것이었습니다. 깨어진 병 조각에 지나지 않는 유리. 원망과 분노의 유리 조각에 지나지 않던 것이 수십만 번의 파도에 씻겨 작은 보석처럼 변한 것. 그런 바다 유리 같은 것이었습니다. 밀물의 시간과 썰물의 절망, 모순과 질곡, 딜레마와 트릴레마의 물결이 아니었으면 날카로운 단면들이 매끄럽게 다듬어지지 않았을 겁니다.

내게 시는 가을 구절초 같은 것이었습니다. 봄 벚꽃처럼 일찍 눈에 띄거나, 장미처럼 품격 있거나, 능소화처럼 화려하지 않은 꽃. 고개 넘어가는 비탈에 보일 듯 말 듯 피어 있는 구절초, 들국화, 쑥부쟁이 같습니다. 나도 그렇고 내 시도 그렇습니다. 내세울 것도 별로 없고, 특별히 잘난 데도 없는 채 가을까지 온 꽃입니다. 촌스러운 꽃, 소박한 꽃, 보잘 것 없는 꽃입니다. 그러나 그저 이렇게 피어 산비탈 한쪽을 지키다 가는 것도 좋다고 믿는 꽃입니다.

지난 삼십 년 동안 불가능한 꿈을 꾸었습니다. "아름다운 세상을 만드는 게 가능하다고 생각했고/(중략)/사랑이 손짓해 부르면 그를 따라야 한다고 말했고/아버지의 뜻이 하늘에서와 같이/땅에서도 이루어지리라 믿으며 눈물로 기도했"습니다. "이길 수 없는 것들에게 싸움을 걸었고/판판이 깨지고 나서도 지지 않았다고 우겼고/(중략)/꿈꾸고 사랑하고 길을 떠나자고 속삭였"습니다.(졸시 「별을 향한 변명」) 그것들이 내 불행한 운명을 만들어 왔다는 걸 별은 압니다.

그 불행한 운명을 사랑하는 일. 그게 살아 있는 동안 내가 할 일이라고 시는 말합니다. 오늘 밤에도 별을 올려다봅니다. 여기까지 함께 와준 시에게 엎드려 절합니다.

2014년 10월

도종환

도종환 시선집
밀물의 시간

2014년 10월 30일 1판 1쇄 찍음
2014년 11월 10일 1판 1쇄 펴냄
2018년 1월 31일 1판 2쇄 펴냄

지은이	도종환
엮은이	공광규, 김근, 김성규, 유성호
펴낸이	윤한룡
편집	정미라, 성유빈
디자인	한시내
관리·영업	이승순, 박민지

펴낸곳	(주)실천문학
등록	10-1221호(1995.10.26)
주소	서울특별시 마포구 월드컵로10길 48 501호(서교동, 동궁빌딩)
전화	322-2161~5
팩스	322-2166
홈페이지	www.silcheon.com

ⓒ 도종환, 2014

ISBN 978-89-392-0722-6 03810

이 책 내용의 전부 또는 일부를 재사용하려면
반드시 지은이와 실천문학사 양측의 동의를 받아야 합니다.

이 도서의 국립중앙도서관 출판시도서목록(CIP)은 e-CIP홈페이지(http://www.nl.go.kr/ecip)와 국가자료공동목록시스템(http://www.nl.go.kr/kolisnet)에서 이용하실 수 있습니다.
(CIP제어번호:CIP2014030348)